新时期青少年运动训练
理论与实践研究

张 伟 著

中国水利水电出版社

www.waterpub.com.cn

·北京·

内容提要

本书以全新的视角对青少年体育训练理论及实践展开解读，广泛吸收相关的最新研究成果和实践经验，探索新时期青少年运动训练的创新途径。本书首先就运动训练学理论、青少年运动训练原则、青少年运动训练学的理论思想、体育运动训练的科学基础等进行了理论性的解析，然后就青少年运动训练实践展开讨论，包括力量训练、速度训练、柔韧素质训练、耐力训练、灵敏素质训练、协调素质训练等。

本书可作为教练员、体育教师、体育工作者的参考书，也可供体育与运动训练专业的本科生及热爱体育运动的人员参考使用。

图书在版编目（ＣＩＰ）数据

新时期青少年运动训练理论与实践研究 / 张伟著
. -- 北京 ：中国水利水电出版社，2019.10
ISBN 978-7-5170-8235-4

Ⅰ.①新… Ⅱ.①张… Ⅲ.①青少年－运动训练－研究 Ⅳ.①G808.17

中国版本图书馆CIP数据核字(2019)第254794号

责任编辑：陈 洁　　　封面设计：邓利辉

书　　名	新时期青少年运动训练理论与实践研究 XIN SHIQI QINGSHAONIAN YUNDONG XUNLIAN LILUN YU SHIJIAN YANJIU	
作　　者	张 伟 著	
出版发行	中国水利水电出版社 （北京市海淀区玉渊潭南路1号D座　100038） 网址：www. waterpub. com. cn E-mail：mchannel@ 263. net（万水） 　　　　　sales@ waterpub. com. cn 电话：(010) 68367658（营销中心）、82562819（万水）	
经　　售	全国各地新华书店和相关出版物销售网点	
排　　版	北京万水电子信息有限公司	
印　　刷	三河市元兴印务有限公司	
规　　格	170mm×240mm　16 开本　12.25 印张　216 千字	
版　　次	2020 年 1 月第 1 版　2020 年 1 月第 1 次印刷	
印　　数	0001—3000 册	
定　　价	55.00 元	

凡购买我社图书，如有缺页、倒页、脱页的，本社营销中心负责调换

前　言

随着人类社会的发展，人们对体育竞技的关注度日益提升，对运动训练也越来越喜爱。积极投入青少年运动训练理论与实践研究，为国家培养高水平的运动员，认真思考、努力探索、勇于创新，是各学科、各项事业向前发展的根本动力。加强我国的体育竞技水平，提升全民身体素质，无疑是一项十分有意义的工作。

本书共分十章：第一章就运动训练学基础理论进行了简要概述；第二章讨论了青少年运动训练的基本原则，包括导向激励与健康保障训练原则、竞技需要与区别对待训练原则、系统持续与周期安排训练原则、适宜负荷与适时恢复训练原则；第三章对青少年运动训练学的理论思想进行了深入剖析，包括二元训练理论、一元训练理论和互补理论；第四章讨论了体育运动训练的科学基础，包括生理学基础、心理学基础、营养学基础和教育学基础；第五章到第十章则就青少年运动训练实践展开讨论，包括力量训练、速度训练、柔韧素质训练、耐力训练、灵敏素质训练、协调素质训练、能力训练等。

本书打破以往的运动训练学框架结构，以全新的视角来解读这一学科，不仅知其然，还要知其所以然。本书内容充实，注重理论和实践相结合，既具有较高的学术价值，又具有较强的实践指导意义，可作为教练员、体育教师、体育工作者的参考书，也可供体育与运动训练专业的本科生及热爱体育运动的人员参考使用。

本书是作者在总结自己多年教学与研究经验的基础上，广泛收集当前有关青少年运动训练的最新研究成果和实践经验进而撰写完成的，在撰写本书的过程中得到了同领域许多专家的指导帮助，在此特向所有参考文献的作者以及向作者提供帮助的专家学者表示真诚的感谢。

　　作者水平有限，加之时间仓促，虽经多次修改完善，书中仍然难免有疏漏和不足之处，希望同领域专家学者和广大读者朋友批评指正。

作者

2019 年 3 月

目　录

第一章　运动训练学理论概述

第一节　运动训练学发展简述

运动训练理论植根于运动训练实践，全球性竞技体育水平的不断提高，大大促进了运动训练实践的发展，运动训练理论也从最初一些零散的理论研究向系统化、集成化的方向不断前进。

一、运动训练理论研究的起源及形成

在古代奥林匹克运动兴起的初期，运动训练处于一种无组织的自发训练阶段，参加古代奥运会的运动员，平时不进行系统训练，只在比赛前才短暂训练，当时也根本没有训练理论上的研究。运动训练学理论研究的起源可追溯至 19 世纪末，当时英、德、美等国的许多教授根据实践的要求，逐渐开始探讨运动训练的理论，相继出现"运动员的基本训练""田径"等零散的论文。此时期研究工作的基本特征是将田径领域积累的经验和理论知识，逐渐运用到专项领域的实践中。1916 年，著名体育专家阿·科托夫发表的《奥林匹克运动》一书中，提到运动训练分期的思想。其后，芬兰等国专家所研究的训练分期、训练过程和训练计划等都涉及训练学的内容。值得一提的是，1930 年德国学者吕梅尔首次将组织学、生理学、医学、体质学等理论与训练理论综合在一起，完成《运动员手册》一书，这标志着专项训练学的诞生。

第二次世界大战后，历经 20 世纪 50—60 年代的发展，世界竞技体育的结构发生了快速的变化。其中，最为典型的是竞技体育职业化和商业化。国际赛场上的竞争日趋激烈，体育科学对于竞争的意义突出地表现出来。国际运动训练在经历了自然发展、新技术和大运动量训练的发展阶段后，进入了科学训练阶段。这一阶段的突出特征就是"运用科学理论、方法以及先进技术组织实施并有效地控制运动训练全过程"。科学训练需要在训练理论、训练思想、训练观念和训练方法方面不断创新，对新理论、新思想、新观念和新方法的需求推动了运动训练研究，使运动训练理论发展到了一个与运动训练实践需求相适应的阶段，最直接的体现就是训练学学科的建立。当时，体育科学理论及其训练学理论，首先在苏联得到系统的发展，德国的霍尔曼、迈勒罗维奇、阿因德尔等也开始介入系统的训练学研究工作。1961 年，苏联教育学硕士卡列金和吉雅契柯夫主编出版《运动训练问题》一书，奥地利的戴施卡撰写了《运动训练的理论及其组织》一文。1962 年 11 月，在莫斯科举行社会主义国家"运动训练问题国际科学方法讨论会"，会上作了涉及训练内容、训练计划、训练方法等方面的 76 篇专题报告，这是世界上第一次大规模地举行运动训练学专题报告会。1964 年，马特维耶夫《运动训练分期问题》一书出版，在世界范围内引起强烈反响。人们习惯上将这一时期称为运动训练学理论研究的萌芽阶段。

1969 年，哈雷及其同事出版《训练学》一书，标志着运动训练学作为一门独立的学科得到正式承认。20 世纪 70 年代中期至 80 年代初期，训练学进入体系构建的深化阶段。一大批造诣极深的学者逐步完善了运动训练的科学体系，推动了竞技体育的飞速发展和运动训练理论在世界范围内的广泛传播。

在这种思想影响下，德国、苏联等国家也相继出版一些训练学专著，如德国的麦勒罗维兹与梅勒合著的《训练》于 1972 年出版，巴尔艾希与库洛夫共同研究的《训练科学》于 1975 年发表，苏联的马特维耶夫的《运动训练原理》和吉雅契柯夫的《运动过程的控制与最优化》分别于 1971 年和 1972 年发表。同期，我国体育工作者也开始超越专项的局限，去探索训练中的某些共同规律，相继出现了一些训练学研究成果，如唐礼等的《优秀运动员多年训练规律的研究》和步润生的《周期性运动项目训练负荷与运动成绩的关系》等，是我国最早的训练学论著。这一阶段的研究主要围绕专项训练的理论和方法展开，并且以引进和借鉴苏联的训练理论和实践研究成果为主。

二、运动训练理论研究的缓慢发展时期

"文化大革命"对中国体育事业的发展产生了巨大的影响，运动训

练学研究几乎陷入了停滞不前的境地，这一时期我国对运动训练学的理论研究成果甚少。田麦久在1979年撰写的《中长跑翼项系数理论及其应用》一文在北京体育学院学报发表，他根据翼项系数分析运动员各种跑的能力的发展水平，确定各跑段所应达到的最高强度，同时还提出对竞技状态水平评定的方法。这是国内对中长跑项目训练有直接影响的理论研究成果。同期，其他国家对运动训练理论的研究却非常火热，研究最活跃的首推德国，1977年德国的马丁所写的《训练学基础》一书，标志德国的运动训练学理论研究已居世界先进水平。1979年，德国的科隆体育大学成立"一般训练学与体育教学法研究所"，并于1980年改为"一般训练学研究所"。德国的威标克出版的《最优化训练》极大地丰富了运动训练的理论，同期，苏联的马特维耶夫和普拉托诺夫相继出版《运动训练基础》和《现代运动训练》，从而使这两个国家在运动训练学研究上处于领跑地位。

"文化大革命"结束以后，伴随着十一届三中全会的召开，我国开始选派优秀人才出国深造。在体育领域，我国第一个运动训练理论研究人员田麦久，于1979年赴德国科隆体育大学学习先进的运动训练理论，三年后成为我国第一个体育学博士，归国后，带动并掀起国内对运动训练学理论研究的热潮。

三、运动训练理论的发展和完善

1983年，由中国体育科学学会运动训练学会组编写的我国第一本《运动训练学》的出版，标志着我国运动训练学理论进入系统研究阶段。随后，1986年由过家兴等编写的《运动训练学》专业教材出版。1988年，田麦久、武福全主编的《运动训练科学化探索》一书出版。同期，范玲嶙和徐本力分别研究竞技运动训练的科学化以及运动训练的控制模型等问题；茅鹏对小周期和体力波关系展开研究，认为小周期在训练安排中的地位已经超过了大周期的作用，认为应在训练中大力提倡按照体力波的波动规律安排训练形式的小周期模式；延锋从空间角度出发研究全年训练各阶段的任务和负荷，认为在训练的不同阶段负荷具有一定的规律性；田麦久通过对中华人民共和国成立后我国一批优秀运动员训练过程的纵向研究，从时间角度研究优秀运动员多年训练过程的类型特点，否定了自然发展式的多年训练过程安排，同时提出较为合理、科学的多年训练过程结构理论。

20世纪80年代末到90年代初，田麦久等在一般训练学和专项训练学之间加入一个新的理论层次——项群训练理论，从而使运动训练学的学科理论更加丰富，标志着我国训练学研究进入一个崭新的发展阶段，带动和影响一大批知名学者加入运动训练学理论研究领域。1994年，北京体育学院获得运动训练学博士学位授予权，此后，一大批优秀的运动训练学中青年人才脱颖而出，使运动训练学的理论研究呈现出百花齐放的崭新局面。

四、运动训练学理论的蓬勃发展

20世纪80年代，运动训练学理论研究所涉及的内容更加广泛，如池建对男子篮球赛前训练负荷强度和比赛负荷强度对比研究，认为应减少间歇总时间，以短时间多次数的间歇形式安排赛前训练；曹守和对新中国竞技体育训练理论的发展与创新研究；张路对训练大周期与小周期理论的对立统一的研究等。

同时，不少的专家对以前运动训练的基本问题提出了自己的看法，最激烈的莫过于对周期训练的关注。人们在新的竞赛条件下，开始重新审视马氏周期理论。如陈小平、李庆和许琦等分别从不同的角度对传统的马特维耶夫周期理论提出质疑，马氏周期理论对准备期和竞赛期的负荷量和强度规定过死，有碍于运动员更好地、更多次地出现竞技状态高峰，而且准备期和竞赛期训练内容和方法的安排有碍于运动员成绩的提高。相反，更多的学者却在重新解读马特维耶夫周期理论的原始文本时，认为马氏从哲学高度已经预见到了除体能项目之外的其他项目会有不同的周期特征，而且多次解释竞技状态的概念。如姚颂平对马氏运动训练理论进行了仔细研究，他说，近几年，在安排年度周期或训练大周期方面出现一些不同的意见。从表面上看，好像分歧出现在训练过程的分期和训练负荷的安排上，但经过系统分析后，就会发现分歧出现在竞技状态理论上，主要在于如何理解和如何确定竞技状态概念。对概念内涵的理解不同，导致学术观点争论。姚颂平认为，传统的一年单周期和双周期的安排模式在当今体能类项目中仍然适宜，因为某些项目的竞技能力的显著性提高需要较长的时间，即使在当前商业性比赛较频繁的条件下，运动员也应该有选择地参加适宜次数的重要比赛，只有这样才能在比赛中创造出较好的成绩。

田麦久和郑晓鸿对马氏周期理论也进行了系统分析，他们认为竞技运动的发展，需要理论上对一些新的分期形式与年度训练安排做出合乎规律的解释，这是非常正常的。也正因为如此，才有了上述这些对传统训练分期理论所提出的质疑与理论上的新发展。但遗憾的是，多年以来，无论是传统的周期理论，还是新的周期理论，其研究的主要范围始终局限在体能类项目中。无论是马特维耶夫还是普拉托诺夫，无论是博伊科还是维尔霍山斯基，他们的研究对象及研究素材大都来源于田径、游泳和举重等这些体能类项目，始终没有摆脱对体能类项目这一研究范围的局限。关于这一点，马特维耶夫教授早在其《运动训练分期问题》一书的结束部分做出了说明。

他认为，自己在运动训练分期方面的研究工作远没有解决训练分期的所有问题，例如，对于不同运动项目训练分期特点的问题，有进一步研究的必要。同时，马特维耶夫教授指出，对于不同运动项目训练分期特点的研究，应集中在以下几个方面：

（1）不同运动项目训练分期特点应在一般训练与专项训练、身体训练与技术训练、技术训练与战术训练等方面的相互关系上表现出不同的特点。

（2）不同项目训练分期特点的不同应表现在竞赛期的结构特点上。

（3）不同项目训练分期的特点可能在训练分期以及整个训练周期持续时间长短上存在区别。

虽然，马特维耶夫教授很早就对运动训练分期问题的进一步研究提供了理论假设和研究方向，但遗憾的是，在随后的年代中，人们对运动训练分期理论应用的热情，远远超过对理论进一步研究与发展的热情，就连马特维耶夫教授本人在其随后的著作中也没有对运动训练分期的其他问题，特别是不同项目运动训练分期特征问题进行系统研究。因此，传统运动训练分期理论和新的周期理论在对其他运动项目，特别是对对抗性运动项目的指导上，就显得力不从心。这也是众多专家、学者及教练员在面对对抗性运动项目特别是球类运动项目的训练分期安排时，显得无所适从的主要原因之一。田麦久认为，训练大周期的划分是否恰当的一个重要标准，就是看能不能使运动员竞技状态的周期性变化适应于特定日程重大比赛的参赛需要。不同项群运动员竞技状态的主要表现特征是不同的，显然，其训练大周期的划分也应该有着明显的区别。而经典的马特维耶夫的周期学说的主体内容,是在体能主导类项目的训练实践的基础上建立的,很少顾及技能、技术能、技战能主导类项目的运动员竞技状态的变化和表现的特点。

此间，具有标志性意义的项群理论在运动训练和体育战略研究中得到充分的运用和发展，运动训练学理论研究进入快速发展阶段。同项群的优势项目得到快速发展，在国家体育总局和各省、市体育局制定体育发展的战略规划时，都离不开项群理论的指导，2004 年雅典奥运会的成功就是典型的范例。

第二节　运动训练与竞技体育

一、运动训练释义

自从有了运动训练活动，出现了零散的运动训练理论，对运动训练本质的认识就一刻没有停止过。随着人们对运动训练实践活动认识水平的深入，运动训练的内涵得到了充分的挖掘。国内外众多体育专家和学者都尝试从不同角度出发对运动训练这一实践活动进行界定，给出了具有不同侧重点的定义，对运动训练实践起了很大的促进作用。通过总结前人的研究成果，我们认为，运动训练是竞技体育活动的重要组成部分，是在运动训练团队成员的积极参与下，为提高运动员的竞技能力和运动成绩，专门组织的有计划的体育活动。

运动训练活动都是围绕着提高运动员的竞技能力和运动成绩进行的。运动训练的直接目的是提高运动员的竞技能力，继而通过参加运动竞赛，将其已获得的竞技能力转化为运动成绩。

教练员和运动员是运动训练活动的主体，教练员是运动训练计划的制订者及运动训练活动的组织者与指导者。运动员既要在教练员的指导下从事训练实践，也要积极配合教练员，与教练员一起设计、组织自己的训练活动，并参与对这一训练过程的有效控制。同时，训练管理工作者、科学家、医生等也都是运动训练活动的积极参与者。

运动员的竞技能力和运动成绩的提高有着客观的规律，只有遵循训练规律，科学地制订并认真地执行运动训练计划，才能取得运动训练活动的成功。

二、竞技体育释义

竞技体育是体育的重要组成成分，以体育竞赛为基本特征，是在体育竞赛中把创造优异运动成绩、夺取比赛胜利作为主要目标的体育活动。

（一）竞技体育的起源

竞技体育是体育的重要组成部分，是以体育竞赛为主要特征，以创造优异运动成绩、夺取比赛优胜为主要目标的体育活动。体育运动是在人类发展的过程中逐步形成与发展起来的，竞技体育也是一样。原始人类为了能够在赖以生存的狩猎活动中更快地、更长时间地追逐，为了能够在猎取野兽的搏斗中更容易获胜，开始采取跑、跳、投等多种形式的身体活动，有意识地对自己的运动能力进行培养，逐渐形成了初级的身体练习活动。随着社会的发展，各种身体活动形式被人类不断地加以分类、提炼和总结，并相互比较，渐渐演化出了区分胜负的竞技活动。另一方面，在原始社会末期，由于部落间频繁发生武装冲突，为了增强部落成员的作战能力，也逐渐在备战以及宗教活动中，加入竞技运动的内容。史料表明，人类在旧石器时代晚期已经有了初步的分胜负的比赛意识和一定的体育竞赛形式。随着人类社会文明的发展，人们的价值取向逐渐由单纯的生存需要转为包括休闲、愉悦、观赏在内的多元需要，人们出于强身健体的目的而参加竞技活动的现象越来越普遍，竞技运动的审美观念也逐渐形成。随着价值观的演化，竞技运动与宗教、军事和生产活动的联系逐渐减弱，成为一种更具相对独立性的社会活动。

综上可见，竞技体育形成和发展的基本动因是多元的。一是生物学因素，即人们为了更好地提高自身活动能力而创立和发展了竞技体育活动；二是心理学因素，人的"取胜和对抗的本能"及"追求胜过对手"的动机推进了竞技运动的形成；三是社会学因素，人们已全面地认识到竞技体育在推进经济和社会发展进程中的重要价值，参与和观赏竞技体育已经成为人类社会生活不可缺少的组成部分，从而有力地推动了竞技体育的发展。

(二) 现代竞技体育的发展

通常人们把 1896 年第 1 届奥林匹克运动会的召开，视作现代竞技体育的发端。120 多年来，现代竞技体育作为体育这一具有重大影响的社会活动的基本组成部分，获得了蓬勃的发展。

1. 竞技体育在世界范围广泛开展

19 世纪后半期，现代竞技体育首先在欧美工业发达国家开展起来。

而随着经济、文化、科学技术的全球性发展，亚非拉众多国家加快了现代化的进程，竞技体育也得到了广泛的开展。世界各地的无数青少年积极参与运动训练和竞技比赛；对各个地域、各种肤色、各个阶层的人们来说，观赏竞技体育都已成为人们生活中不可缺少的重要组成部分。不发达国家的竞技运动水平也得到迅速的提高，亚洲的乒乓球、羽毛球、体操、柔道，非洲的中长跑，拉丁美洲的足球、排球与短跑等项目的竞技水平都位居世界前列，成为欧洲与北美国家在世界赛场上的有力对手。

2. 建立了相对完整的管理体制

竞技体育百年发展的同时，也建立了相对完整的管理体制。现代世界竞技体育活动是以国际奥委会及各单项联合会为核心组织进行的。另外，还有不同人群的国际体育组织（如国际大学生体育联合会、国际军人体育联合会、国际残疾人体育联合会等）分别组织自己领域内的竞技体育活动。在各大洲、各个国家及地区，也都相应地建立了奥委会和单项联合会（或协会），肩负着同样的使命。这些体育组织确定规则，组织比赛，筹集资金，进行培训，构成了全球性的管理网络。

3. 运动竞赛活动日益活跃

运动竞赛是竞技体育领域最有代表性、最有活力的组成部分。运动选手们在竞赛中显示本领，较量实力，决战胜负；观众在竞赛中欣赏技艺，观战搏击，并会亲聚友，进行社会交流；竞赛的组织举办者则开展广泛的文化及商业活动，树立并宣传举办国或城市的发展形象，亦谋求可观的经济效益。百年来，各种类型、各种规模的运动竞赛在世界各地日益活跃地开展了起来。奥运会、单项锦标赛、世界杯赛及系列大奖赛是最有代表性的世界性比赛，已经形成了完整的赛事体系。与其相对应的，各洲、各国、各地区、各省市、各协会组织的比赛，以及不同职业、不同年龄等不同人群的比赛为现代社会生活增添了绚丽的色彩。产生于希腊的古代奥林匹克运动会，自公元前 776 年到公元 393 年，共举办了 293 届。1888 年，法国人皮埃尔·德·顾拜旦（1863—1937）首先倡议恢复奥运会。第 1 届现代夏季奥林匹克运动会于 1896 年在希腊雅典举行。至 2016 年，120 年中举行了 28 届夏季奥运会及 22 届冬季奥运会。今日的奥运会已成为世界性的盛大节日，是规模最大的世界性民众聚会，是高水平竞技体育的世界赛事。中国人最早表达举办奥运会的愿望是在 1908 年，100 年后梦想实现。2008 年北京奥运会获得了巨大的成功，中国政府和人民遵循"绿色奥运、科技奥运、人文奥运"三大理念，以一届"有特色、高水平"的奥运会和残运会赢得了"无与伦比"的称誉，为世界竞技体育和国际奥林匹克运动的健康发展做出了卓越的贡献。

4. 竞技运动水平及运动训练科学化水平不断提高

现代竞技体育发展百年来，各国优秀选手们的竞技运动水平明显提高。如男子田径世界纪录提高了 8%～55%；网球运动员发球的球速已高达 230km/h；体操、跳水、蹦床以及自由式滑雪空中技巧运动员在空中沿着身体的纵轴和横轴做出了令人眼花缭乱的旋转；举重运动员把 3 倍于体重的杠铃举过了头顶；篮球选手飞身空中，由上而下把篮球扣入篮筐；花样滑冰选手则在冰上跳起旋转 1440°。

三、运动训练与竞技体育的关系

无论从活动的时间、活动的容量，还是人们投入的力度来看，在竞技体育的多种构建中，运动训练都是最主要的。理想的运动员选材是为运动员训练提供优质的素材，运动竞赛则是对训练成效的检验。运动员的竞技能力来自于遗传效应、生活效应及训练效应多元的途径，其中，训练效应是运动员获得竞技能力最重要、最有效的途径。只有通过长期、系统、科学的训练，运动员的竞技能力才能达到较高的水平，才能在复杂多变的比赛中取得优异的运动成绩。

四、运动训练与运动员选材的关系

运动员的竞技能力包括有先天遗传性竞技能力和后天训练获得性竞技能力两个部分。科学地选材选出了具有优越的先天性遗传能力的可造之材，还必须在此基础上通过科学的训练才能有效地发挥运动员的竞技能力，并使得运动员先天遗传性的竞技能力得到充分的展现。选材为成功的训练准备了重要的前提条件，但如果没有科学的训练，再好的人材也不可能成为优秀的选手。

五、运动训练与运动竞赛的关系

成功地参加竞赛是运动员训练的最终目的。运动训练的内容和安排应力求符合各个运动项目的特点和竞赛规则的要求，最终求得在比赛中充分表现出已经具备的竞技能力。同时运动竞赛的特定条件和气氛，为创造高水平运动成绩提供了平时训练中难以具备的良好条件，而运动成绩也只有在专门组织的比赛中表现出来，才能得到社会的承认。运动员的比赛成绩正是对其训练效果的最好检验。

第三节　运动训练学的研究任务

运动训练学（sports training theory）是研究与运动训练有关的规律的一门学科，运动训练学是连接体育基础学科和运动训练实践的重要桥梁。运动训练学一方面将运动生理学、运动心理学和运动生物力学、人文社会科学等学科的理论整合并应用到训练实践之中，另一方面将运动训练的实践经验经过整合升华为理论。运动训练学包括"一般训练学""项群训练学""专项训练学"三个层次。

一般训练学是阐明运动训练基本理论和训练过程中带有共性及普遍

性规律的理论体系；项群训练学是研究项目本质相关度较高的项目群组共性的规律的理论；专项训练学是研究一个项目本质特征、训练控制规律和参赛行为的理论。在这三个层次的运动训练理论研究中已经形成了一个较为完整的体系，其中一般训练学源于专项训练理论，是以专项训练理论为基础，从各个专项训练理论中总结出带有广泛适用性的共性规律，并使其上升为对不同项目的运动训练活动具有普遍指导意义的理论。因此，运动训练学研究的主要目的是揭示运动训练活动的普遍规律，指导各专项运动训练实践，使各专项的训练活动建立在科学的训练理论基础之上，努力提高训练的科学化水平。

从现代运动训练学的发展趋势来看，运动训练学研究的主要任务概括为：

（1）研究现代竞赛制度下，各个项目本质特征变化的总体趋势。

（2）深入探索负荷刺激产生的生物适应性变化规律。

（3）广泛吸纳现代科技成果和多学科的前沿理论，提高训练、参赛过程的科技含量，探索训练方法手段的原始性创新。

（4）研究多种竞赛体系对运动训练过程和参赛过程的普遍影响。

（5）系统研究训练过程的质量控制规律，提高现代运动训练的绩效。

一、运动训练学的研究方法

理论与实践相结合是运动训练学方法理论研究最基本的方法。运动训练学方法理论是一种具有非常鲜明实践性特征的方法理论。它的研究必须依托于实践。实践既是理论研究的基础，同时实践和理论紧密结合也是运动训练方法研究的极其重要的方法之一。理论研究的目的在于解决问题，运动训练学方法理论研究的问题来自于运动训练的实践，而理论研究的结论和成果又必须回到运动训练的实践中去接受检验，由此才可以形成具有科学性和权威性的理论，并真正达到服务于运动训练实践的目的。所以，从实践到理论、再从理论到实践是运动训练方法理论研究的基本方法。

在运动训练学方法理论的研究中，同样也遵循着其他理论研究的共同规律，在自然科学和社会科学研究中所运用的研究方法也同样体现在运动训练学方法的理论研究过程中，如观察法、实验法、模拟法等。同时，作为理论研究还必须要运用科学的抽象和概括的方法，因为对于观察、实验或模拟的研究过程中所获得的经验材料，还要进行理性的加工，找出客观事物和客观现象运动的本质，通过科学的抽象才能对观察、实验和模拟的结果进行科学的说明，在此基础上也才能实现理论上的真正创新。在运动训练方法理论的研究中，还要运用到一些基本的逻辑方法，如比较和分类、类比、归纳和演绎、分析和综合、证明和反驳等。这些逻辑方法的运用可以将观察、实验和模拟方法中获得的经验材料上升为能够真正反映客观事物和现象本质特征和内在规律的科学严谨的理论。同样，要将现代先进的信息理论、信息技术以及计算机技术和网络技术，融入运动训练方法理论研究的方法体系之内，使研究工作的方法体系更具科学性和严谨性。

二、运动训练学的未来发展趋势

（一）运动训练理论体系在严峻的挑战中将得到进一步发展

从 20 世纪 50 年代起，随着系统、不间断训练的开展，运动训练理论得到完善，形成了完整的体系，并始终支配着其后几十年的训练实践。从 20 世纪 70 年代末起，当竞技体育进入商业化、职业化进程时，这一理论体系逐渐受到了严峻的挑战，争论纷起。迄今为止，因各项赛制均产生重大改变，训练界、学术界的质疑、辩论、探讨虽然已进行了 30 多年，但依然热烈。争论的焦点突出表现在有关训练过程控制的理论原理方面。

不可否认，建立在较低成绩水平上的训练理论体系，面对当前高水平的成绩与新的赛制，肯定有其不适应的地方。但是，在探讨问题时必须分清：是该理论体系的核心原理不适用，还是操作步骤不适用？是因操作者理解有异而产生的失误，还是原理本身存在着荒谬？

近20多年来，我国对传统训练理论体系也进行了多次深入讨论，绝大多数学者与教练员认为，传统理论体系的核心原理基本揭示了运动员训练的客观规律，这是无可非议的。我国优势项目的训练实践也证实，如乒乓球、跳水、体操等项目，核心原理并不因赛制的改革与比赛次数的增多而改变，在现实中并没有失去其运用的价值。

不过，商业化、职业化进程毕竟对运动训练有着极为深刻的影响，极高的成绩水平确已使训练的具体操作过程今非昔比。传统理论中有关操作的内容应在新的形势下得到改变，这已是势在必行。传统理论体系的奠基人、俄罗斯学者马特维耶夫教授并没有故步自封，针对近些年的变化已提出了新的操作方案，并在21世纪初又出版了多部理论新著。不久的将来，随着商业化、职业化进程的深化，新的思维、新的研究成果必将出现，将进一步充实与丰富训练理论宝库。特别是运动训练过程的控制理论，将得到更新。

（二）运动员体能训练的基本手段与方法将得到重新审视和发展

在奥林匹克运动百年的发展中，各项目的运动成绩均达到了前所未有的高水平。从近几十年的比赛看，除以动作技巧作为胜负判别标准的项目外，相当一部分项目的技术已近乎完善，以新异动作出其制胜的可能性已极小。同时，近些年各单项联合会已对不以运动员自身因素发挥而由高科技无限制地渗透，或背离本项目宗旨的动作形式和做法来提高运动成绩的行为引起一定的重视或予以限制。如国际自行车联合会已规定车的结构和部件标准，以限制车辆的研制。加之反兴奋剂的措施与力度加大，使运动员自身体能在创造优异成绩过程中的重要性达到了前所未有的程度。

历年来运动员的基本体力能力的训练手段与方法，如力量、速度、耐力、柔韧等素质的训练手段与方法，在较为成熟的生物学科原理支撑下，均已得到较为深刻的研究与实施，已趋于成熟。这方面的突破将有赖于这些学科的深入发展及新的发现。

高水平的专项运动成绩将要求运动员在专项活动中把各项体能素质更和谐地融合在一起，更协调地相互配合，独立地对它们的训练将不再符合成绩提高的要求。在相对较长的时期内生物学原理不会有大的变化的前提下，人们必然将对各项体能素质相互间的影响与协同开展新的研究，进行新的思考与探索。未来的训练手段与方法将紧密结合这方面内容而产生，并得到完善。

（三）训练理论的研究重点将围绕揭示各个运动专项的特点展开

现代运动训练的特点之一是训练负荷的量与强度均处于极限的水平。在目前量与强度再也无法增加的情况下，训练的科学性将突出地表现为如何施加有效的训练负荷，减少无谓的、盲目的、无效的训练。提高训练的有效性，关键在于全面、准确地理解"专项"，把握专项特点，才能使训练有针对性地、合理和科学地进行。

可以认为，现有训练理论和有关的生物学科最大的不足，在于把各个运动项目的特点作为"专项"的特点对待，而没有把"专项"看作是一个相对的概念，是与运动员训练水平相符的比赛本身。现代运动训练的原则之一就是必须进行"专项训练"，达到优异运动成绩的唯一途径只能是"专项训练"。也正是由于缺乏对各个专项特点的研究，缺乏对专项特点的揭示，才使许多训练变成无效的劳动。

从目前训练理论的研究动向看，上述问题已被许多学者、教练员有意或无意地认识和思考，并正在进行一些有益的工作，但是尚未得到广泛、全面的展开，尚未有深入的成果。因此可以预见，在实践需要的驱使下，训练理论的研究将在这方面得到新发展。

（四）运用多媒体技术使训练更加科学高效

近年来，随着多媒体技术的快速发展，多媒体资源被广泛地应用于社会的许多领域，而在运动训练领域的应用还远远落后于其他领域。尤其是在青少年运动训练过程中，多媒体资源的应用还相当有限。例如，计算机辅助教学（Computer Aided Instruction，CAI）在我国已有多年的发展历史，但各学科之间的发展极不平衡。多媒体资源是以计算机为核心，能同时综合处理多种信息，在这些信息之间建立逻辑联系，集图、文、声、像为一体的综合技术。它将图像、声音、动画、影像等多种媒体综合起来，多视角、全方位、动态地将信息表现出来，比传统的训练方法更加直观、生动，且内容丰富、易于接受，获得的效果更好。运动训练作为一门特殊的学料，具有具体化、形象化、直观化的特点，更加适合利用多媒体资源进行辅助训练。

1. 多媒体资源在青少年运动训练中的辅助作用

总体上看，多媒体资源在青少年运动训练中的积极作用可以体现在以下几个方面：

（1）有利于构建以教练员为主导、青少年为主体的训练格局。多媒体技术信息容量庞大，动作生动形象，调配简易方便，而且图文并茂，利用时空交换、大小交换、速度交换、虚实变换的手段进行人机对话，使难以用语言完全表达清楚的训练内容（如运动技术细节、生理卫生知识、训练场景等）完整地展现在青少年运动员面前，这些栩栩如生的真实场景不仅可以激起青少年极大的学习兴趣，同时也有效地避免了教练员传统讲解的枯燥与单调。在多媒体资源的辅助下，教练员和运动员成为共同的学习者，以交互的方式建立训练体系。如模拟比赛环境，在目前竞赛规则允许的条件下，有意设置比赛环境，既可以清晰流畅地将教练员的作战意图和思路展现出来，又可以恰到好处地将各种基本技战术配合一一展现出来。伴随着生动翔实的动画场面，青少年运动员会表现出极高的兴致。此外，利用多媒体技术将抽象的生理现象（如神经支配、能量代谢、血液循环、异常生理情况等）制成课件，生动形象地演示在青少年运动员面前，不仅可以使他们了解了不同专项的训练特点、机能指标的运用和测评方法，而且加快了他们掌握训练内容的速度，提高了训练效果。

（2）有利于提高青少年运动员的训练质量。多媒体训练辅助系统可以由浅入深、详细准确地展示运动训练的重点、难点及要点，切实有效地帮助青少年运动员加深对训练内容的理解和掌握，并且调动多种感官，使知识多层次、多角度、多维度地展现于运动员面前，创造出一个良好的学习环境。例如，以声、光、电、磁基础上的多媒体资源，能使乒乓球、羽毛球等运动项目技战术的演练与传授具有在表达上既接近现实又超越现实的空间感和时间感，它可以从时间上再现已经消逝的运动过程，并且能使这个极为短暂的过程在空间上定位、在时间上展开，一目了然，从而使青少年运动员加深对技战术的了解，克服了运动项目文字与口头表达形象性低、直观性弱的弊端，进而达到优化训练效果、加速培养专门人才的目的。

（3）有助于培养青少年运动员独立的分析、判断和理解能力。目前，青少年运动员只有在各个方面不断充实和完善自己，才能适应高速发展的时代。借助多媒体资源辅助训练系统，可以在潜移默化之中培养运动员独立的思维能力，使他们学会分析、辨别、判断、捕捉训练中可能出现的各种情况和问题，从而对教练员布置的各项任务，采用的训练手段与方法，在理解的基础上自觉地、有创新地完成。通过对自己体会的总结，不断地提高训练水平，有助于创造优异的运动成绩。

（4）科学技术与运动训练实践相结合是青少年运动训练科学化的关键。科学技术与运动训练实践相结合，始终是我国竞技体育发展过程中的重点、难点和关键点。有学者统计，要提高运动的成绩，涉及的因素多达150多项，包括素质、体质、机能、心理、技术、战术、智力及诸多社会因素，其研究涉及人体形态学、遗传学、解剖学、组织学、生理学、生物化学、营养学、医学、心理学、教育学、信息学等众多学科。多媒体资源在一定程度上可以起到一个桥梁或纽带的作用，在现阶段来说也是切实可行的。

2. 提高多媒体资源使用效率的途径

在青少年运动训练中，提高多媒体资源使用效率的途径主要有如下两条：

（1）优化多媒体课件的内容。多媒体课件的开发与运用不同于教科书和备课笔记，需要有针对性地"讲思路、讲方法、讲要点、讲精髓"。因此，教练员必须对训练内容和训练方法进行优化设计，尽量做到"效果最佳、耗时最短、过程最简、对比最精"。一定要有明确的多媒体课件训练大纲和翔实的课件脚本，尤其要注意将抽象、难懂的训练内容图示化、形象化、感观化。

（2）充分发挥多媒体资源的优势。目前，我国多媒体资源的建立和发展，尤其是在青少年运动训练中的利用和开发还亟待加强，多媒体资源的综合应用（包括：多媒体数据库建设，信息中心和运动训练的多媒体化管理，不同前沿媒体信息的收集、开发和运用）尚未得到足够的重视，其优势尚未充分发挥。多媒体资源的优势一旦得到充分发挥，必将会产生巨大的应用价值和深远的社会影响。例如，日本等国利用多媒体监测仪器来观察少儿体操运动员空翻时的速度与旋转，然后进一步设计出新的高难动作，并在训练中使动作形象化。

3. 对青少年运动训练中应用多媒体资源的几点建议

多媒体技术作为一种全新的教学与训练手段，对于提高训练质量和训练效果无疑具有十分重要的作用。但是无论如何，它只是一种训练手段，必须服务于训练过程要达到的目标。在这里，我们对青少年运动训练中应用多媒体资源提出如下几点建议：

（1）现代训练理念是教练员的立身之本。新的训练理念、训练内容、训练方法和训练手段的介入，使教练员面临新的挑战。应用多媒体资源是提高青少年运动训练水平的重要辅助手段，也是教练员不断提高自身业务能力和科研能力的重要途径。同时，也相应地提升了教练员发现问题、分析问题和解决问题的信心与勇气，促进了教练员训练水平、学习应用能力和创造能力的提高。从某种意义上说，多媒体也是运用当代科学方法探索运动训练本质规律的科学认识与高效实践的过程。为了加快运动训练水平的发展与提高，教练员不仅要积极投身到科研工作中去，而且要真正在思想上树立起现代训练理念，以期为我国竞技体育的飞速发展做出新的历史性贡献。

（2）制订切实可行、辅以多媒体资源的运动训练计划。虽然多媒体资源具有巨大的潜在作用，但由于室外进行运动训练的特殊性，决定了多媒体技术在运动训练中只能起到辅助训练的作用。因为多媒体训练手段的实现依赖于多媒体训练平台，也就是说它需要在室内进行，而运动训练主要是通过各种身体训练来进行的，大部分的受训场地必须是室外。因此，在青少年运动训练计划的安排上应严格控制多媒体讲解与传统训练的讲授比例，切可不喧宾夺主。

（3）要结合不同专项训练的特点，有针对性地运用多媒体资源。当前，部分教练员的运动训练观念依然停留在体能练习和单一的理论讲解上，训练中缺乏生动性和针对性，不利于调动青少年运动员训练的积极性。事实上，由不同运动项目的本质所引起的各项目之间的异同点早已是划分项目类属的基本依据。根据项群训练理论，技能主导类和体能主导类运动项目的训练特点和训练方法都各不相同。这就要求广大教练员在应用多媒体资源辅助运动训练的同时，必须结合各运动专项的内在特点和要求，有针对性地合理运用多媒体技术。

第二章　青少年运动训练原则

第一节　导向激励与健康保障训练原则

运动训练原则，是依据运动训练活动的客观规律而确定的组织运动训练所必须的基本准则，是运动训练活动客观规律的反映，对运动训练实践具有普遍的指导意义。运动训练原则有：导向激励与健康保障原则、竞技需要与区别对待原则、系统持续与周期安排原则和适宜负荷与适时恢复原则。

国外运动训练原则发展经过萌芽阶段（14 世纪至 20 世纪 50 年代）、发展阶段（20 世纪 50 年代至 70 年代）和讨论、成熟阶段（20 世纪后期至今）。我国运动训练原则发展经过引进和传播阶段（20 世纪 50 年代中叶至 60 年代）、停滞阶段（20 世纪 60 年代中期至 70 年代中期）和完善阶段（20 世纪 70 年代至今）。

一、导向激励与健康保障训练原则释义

导向激励与健康保障训练原则，是指以实现预设目标为导向，激励运动员积极参与，并在为运动员身心健康提供有力保障的条件下组织运动训练活动的训练原则。这项原则将动员激励运动员积极主动刻苦地训练与高度重视并采取有效措施保障运动员健康这两个范畴辩证地组合在一起，形成组织训练活动重要的指导思想。

导向激励可来自被激励者内部，也可来自于其外部，即动机激励与社会激励。动机是推动人们从事某种行为的内部驱动力。人类从事任何活动，其动机都起着重要的作用。积极的动机会能激发斗志，振奋精神；消极的动机则使人意志松懈、不思进取。运动员的训练过程是艰苦的，需要克服许多困难，才有可能获得成功，因此，参加运动训练需要建立正确的积极的动机，坚持运动训练更需要不断地完善正确的积极的动机。要用正确的积极的动机激励运动员，要自觉地投入到艰苦的运动

训练活动中去，为实现训练目标而不断努力。在培养和激发运动员运动动机的过程中，教练员要善于交流和引导，全面了解运动员的心理变化和身体反应，加强运动训练的科学管理，建立与竞赛目标一致的组织管理体系，引导运动员树立正确的运动动机。

导向激励原则解决了运动员的训练动机问题，健康保障则是运动员的重要人权。运动员理应享有最起码的健康保障。在运动训练过程中，教练员要把导向激励原则与健康保障原则相结合，注重运动员的健康保障，注重运动员的身心健康，加强医务监督、目标控制，注意信息反馈，及时调节训练内容、方法、负荷与安排。

只有充分挖掘运动员的竞技潜力，对队员机体提出高要求，才能使竞技体育迅速发展，但同时高强度训练也会对队员的健康带来一定的风险。所以，为了运动员的身体健康着想，必须认真贯彻健康保障训练原则，这既是尊重与保护运动员的基本健康权，又是运动员坚持多年系统训练创造最佳运动成绩的必要条件。

国内外许多教练员和运动员在其训练实践中深切地感受到健康训练的重要性。中国女子体操队总教练陆善真，在备战和参赛 2008 年奥运会过程中提出将"保护性训练"列为一条重要的训练原则；美国 NBA球员受伤后停训停赛接受治疗，只有在医生确认恢复后，才允许重新参加比赛。德国人迪马丁教授等在 1993 年出版的《训练学手册》一书中也提出"维护健康的原则"，认为"所有训练安排均应不给运动员的健康带来危害，并尽可能地为确保运动员的健康服务"。

导向激励与健康保障是运动训练活动中应该遵循的重要原则。辩证地认识两者之间的内在联系及可能发生的矛盾，不断地激励运动员主动训练、刻苦训练，同时密切关注、切实保障运动员的身心健康，更好地发挥两者的协同效应，才能使训练工作取得成功。

二、导向激励与健康保障训练原则的科学基础

（一）长期艰苦的训练需要不断的动机激励

动机是指推动人们从事某种活动的内部动力，成功动机是运动员参加训练的重要原动力。人们都是怀着对未来成功的美好愿望参加某项活动的，渴望成功的动机给人们以鼓舞和激励，使他们能够自觉、积极地投身于其中。竞技运动训练是一项需要参与者付出巨大努力但最后结果充满不确定性的事业，只有激发强烈的成功动机，才能够吸引千百万有潜能的青少年自觉地投身于体育运动训练与比赛之中。

我国优秀女子羽毛球选手张宁在 1996 年世界杯赛、2003 年世锦赛、2004 年雅典奥运会上先后获得女单冠军，在 29 岁时完成世界三大赛冠军的大满贯胜绩，为祖国争得荣誉，也书写了辉煌的人生。怀着为中国体育事业做出更多贡献的崇高责任和对北京奥运会的美好憧憬，她克服许多困难，坚持着科学、刻苦的训练。终于在 2008 年奥运会上，33 岁的张宁蝉联奥运会女子羽毛球单打冠军，得到业内外人士的好评和尊重。

（二）健康保障是运动员的重要人权

体育是现代社会生活的重要组成部分。人们之所以热爱体育，是因为它能够给人们带来健康和快乐，带来成就和激情。违背体育运动根本宗旨、损害运动员健康的要求和行为都是应该反对和防止的。服用违禁药品破坏竞技公平，并对运动员肝脏、内分泌等器官和系统造成损害，所以要坚决反对；过度训练、过度疲劳会严重损伤机体功能，所以要科学预防；为了夺标，运动员严重伤病仍上阵参赛，会明显加重伤情病情，所以应予以制止。保护运动员健康是维护运动员人权的重要组成

部分。

（三）健康的身体是保持系统训练并取得优异成绩的重要基础

当代竞技体坛众多的案例表明，选拔具有巨大竞技潜力的青少年运动员，系统地进行多年训练，才有可能培养出优秀的竞技选手。在多年持续的艰苦训练过程中，运动员保持健康的身体至关重要，有了健康的身体，运动员才能坚持严密计划的系统训练，承受高质量的训练负荷，进一步提高和完善自己的竞技能力水平，在各种条件和水平的比赛中表现出自己具有的竞技能力。青少年体质健康是一个系统工程，需要社会齐抓共管，形成合力，共同促进青少年健康成长，教育、体育部门及共青团、新闻媒体要共同构建一种健康的生活理念，坚持不懈地抓好青少年的体质健康，营造全社会都关注青少年体质健康的社会氛围。

运动员在多年不断追求突破的训练过程中，经常会遭遇运动伤病的发生。如何正确对待运动伤病是关键的问题，有些教练脱离实际地片面强调"苦练"，要求"轻伤不下火线"，致使运动员的伤病逐渐加重，结果导致训练的系统性遭到严重的破坏。我们一定要牢记许多这样惨痛的教训，引以为戒。正确的做法是，迅速治疗，配合医师的治疗，结合科学的诊断，制订明确的医疗方案；及时调整训练计划，在确保身体伤病能够尽快治愈的前提下，适当地组织不会导致病情加重的训练内容。美国 NBA 在对运动员伤员的治疗与参训制度方面值得我们借鉴。

三、导向激励与健康保障训练原则的训练要点

（一）树立正确的参训动机，协调兼顾国家与个人的利益

运动员从事竞技体育是有目的的行为，参训目的的定位对于运动员参训的积极性与自觉性有着重要的影响。要通过多种途径和方法，加强

训练的目的性教育和正确的人生观、价值观教育，使运动员认识参加竞技运动训练、获得优秀运动成绩对国家、民族、家庭及个人的重要性及其巨大的社会价值，从中得到鼓舞和激励，逐步树立积极自觉的训练态度。同时，要注意协调兼顾国家利益与个人利益，使运动员把为国家、为集体争光的责任感和荣誉感与体现个人人生价值、创建高质量的家庭与个人生活紧密地结合起来，从而激发强烈的目标动机，勇于克服困难，坚持实现训练目标。

随着运动员竞技经历的演变，运动员的参赛目标也需要及时调整，才能对运动员起到更好的激励作用。如我国男子体操选手李小鹏，出生于 1981 年，1997 年 16 岁时起，到 2003 年 22 岁时止，共 14 次站在世界大赛的冠军领奖台上，其中包括摘得第 27 届悉尼奥运会男子体操团体和双杠两枚金牌。2004 年雅典奥运会上，李小鹏因踝伤在双杠比赛中只获得铜牌，并在赛后进行长时间恢复治疗。对于李小鹏来说，似乎已经不再有新的目标可以吸引他。但是，在中国百年梦圆的北京奥运会上为国争光的责任感强烈地鼓舞着他，同时，李小鹏还有一个愿望，就是超越另一位体操选手李宁保持的 14 项次世界冠军的"纪录"。经过长达 3 年的治疗和康复，李小鹏终于坚强地出现在北京奥运会的赛场上，获得他第 15、16 项次的世界冠军：奥运会团体冠军队成员及双杠冠军。

（二）以人为本，加强医务保障

关注运动员身体健康是以人为本的现代管理理念在训练工作中的重要体现。同时，作为运动训练活动的主体，运动员的健康状况对于训练活动的组织以及训练成果的好坏有着重要的影响，应得到高度的重视。因此，需要建立完整的健康保障体系，包括日常的医务监督、定期的健康体检、及时的医药治疗和发生意外伤病时的应急机制。

运动员发生运动创伤后，须及时诊断。需要停训、停赛治疗的，应坚决停训停赛。不要因为追求一时一事的竞技利益而使运动员的身体健康受到不应有的损害。男子 110 米跨栏跑雅典奥运会冠军刘翔左脚跟腱负伤，在 2008 年 8 月的北京奥运会上明智地选择退赛，经过 398 天的治疗、康复与适应性训练，于 2009 年 9 月 18 日在上海国际田径大奖赛上复出，第一次比赛就跑出 13.15 秒的高水平成绩，是一个正确决断、成功复出的经典范例。

（三）做好目标控制、信息反馈、及时调节

顺利贯彻导向激励与健康保障原则的重要前提是，对运动员运动训练过程实施目标控制、加强信息反馈、及时调节。运动员一切训练活动的目的是为了达到训练目标，合理安排训练的周期、确定训练内容、选择科学的训练方法和把握训练负荷，而不是硬性完成训练计划，不应强制性地要求运动员参加主要训练任务以外的其他商业性的比赛活动。

要对运动训练过程进行科学有效的监控，准确把握运动员技术战术掌握的质量与存在的问题，准确把握运动员体能发展状况与负荷后的机体反应，准确把握运动员心理活动的状态与变化，准确了解运动员的专项认知水平与专业知识水平，并及时地反馈给教练员和运动员，对运动训练计划、训练的实施与要求做出科学合理的调节，以求做到既不断地激励运动员刻苦训练，又切实关心并保障运动员的身心健康。

第二节 竞技需要与区别对待训练原则

一、竞技需要与区别对待训练原则释义

竞技需要与区别对待训练原则，是指根据运动项目比赛的共性特点从实战出发，针对运动员个性特征，科学安排训练过程的周期、阶段划分及训练的内容、方法、手段和负荷等要素的训练原则。

一切训练活动都应该从比赛的需要出发去设计规划和组织实施。竞

技体育的发展需要秉承以人与自然、社会和谐发展为核心的发展理念，更需要以此为基础确立以人本、公正、责任为重心的基本发展原则，从而为进一步完善以人的全面发展为中心的竞技体育发展目的奠定更为全面的理论基础。

在运动训练过程中，制定训练内容时要把竞技需要原则与区别对待原则相结合，依实战需要决定训练内容、方法、负荷与安排，并不断地检查、验证、调整。依据运动专项竞技的特异性、运动员竞技能力结构的个人特点组织训练，并随运动员水平的提高及时调整训练计划。

运动训练实施过程是个人针对性特点所决定的。运动员各方面的条件千差万别，不仅各人的起点不同，而且会随着训练过程的发展而不断发展和变化。如有的运动员训练初期进展不快，但到了某一阶段进展就可能突飞猛进，有的开始进展很快，但后来反而慢了下来；有人某些运动素质好，有人另一些运动素质好；有人适应大负荷量的训练能力强，有人适应大负荷强度的训练能力强；有人在这一方面存在问题，有人则在另一方面存在问题；等等。这些都要求在训练中区别对待，才能收到好的训练效果。在一些球类集体运动项目中，如篮、足、排球项目，由于位置分工的需要不同，在运动素质，技、战术的掌握和运用，以及对心理品质的某些要求上也有不同的特点和重点，在训练过程中也必须区别对待。

运动项目普适性的竞技需要与特定时间空间条件下运动员的个体特征，是既有矛盾又紧密联系的两个方面，科学地认识它们之间的辩证关系，并充分发挥两者之间的协同效应，是我们应该遵循的重要训练原则。

二、竞技需要与区别对待训练原则的科学基础

(一) 竞技比赛对于训练活动的导向性

目标是人们行为的终点，对于人们的行为起着重要的导向作用。人

们的一切行为都应该服务于既定目标的实现，训练活动也是一样。运动训练的最终目标是成功地参加比赛，实现预期的比赛结果。因此，一切训练的内容、方法和手段的选择，以及训练负荷与节奏的安排都应该围绕着成功参赛的需要而组织实施。

人们根据设定的运动训练目标去选择运动训练的内容，训练的内容都是服务于特定的任务和目标。选择不同安排的训练内容，就会发展不同的运动能力，只有按照专项竞技的需要去选择训练的内容，才有可能使运动员的专项竞技能力得到迅速提高，才能为成功参赛做好准备。

（二）运动专项竞技的特异性

不同的运动项目有着不同的竞技特点，要求运动员具有不同的竞技能力结构。构成运动员竞技能力的体能、技能、战术能力、心理能力和知识能力，在不同项目竞技能力结构中的重要程度又有所不同。这就要求我们全面、准确地认识和了解自己所从事的运动项目竞技能力结构的特点，进而选择与专项竞技需要相符合的训练内容、手段及制订相对应的运动负荷方案，有效地组织运动训练活动。

现代运动竞赛中的竞争性和对抗性日益激烈，促使人们把提高专项比赛能力和为提高这一能力的专项训练放在首要的位置，运动训练的内容、方法、手段及负荷都表现出鲜明的专项化趋向。儿童、少年的早期基础阶段的训练也应以未来高水平专项竞技的需要为导向，将早期基础阶段的训练与优秀运动员的专项训练有机地衔接起来，为专项高水平竞技阶段的训练和参赛打下良好的基础。

运动专项竞技的需要对于训练活动具有鲜明的导向性。针对专项竞技的需要组织训练，会明显地提高训练工作的效果，使教练员和运动员付出的辛勤劳动和成果在专项比赛中得到充分的展现；而如果对专项竞技的需要考虑得不够准确或者不够充分，将会给训练工作带来很大的盲目性，往往会事倍功半，花费巨大的精力却难以取得理想的训练效果。

（三）运动员竞技能力结构的个体性与变异性

运动训练实践具有鲜明的多样化的特点，而且，又处于不断的变化之中。不同项目、不同运动员，以及在不同状态下所表现出的特点，包括决定竞技能力的各个因素，教练员的业务水平，对训练的战略部署和战术安排，训练所处的阶段和具体要求，以及气候、场地、器材等外界环境等，都各有不同，又无时不处于不断的运动和变化之中。同一名运动员的训练状态在不同阶段、不同时刻的表现不同，不同训练环境和训练条件也都对训练的内容和组织实施提出明显的不同要求。这些因素的不断运动及变化，都要求教练员及时根据训练对象的具体情况有区别地组织训练。

三、贯彻竞技需要与区别对待训练原则的训练要点

（一）认真研究项目特点与专项竞技的需要

不同竞技项目有着不同的竞技特点和不同的训练要求。贯彻竞技需要原则首先要明确专项的竞技需要是什么，即要明白怎样能够在这个专项的比赛中获胜。

运动员的比赛结果，取决于自己具备的竞技能力及其在比赛中的表现、对手具备的竞技能力及其在比赛中的表现、比赛结果的评定行为等三个要素。运动员要想在比赛中获胜，就应该提高自己的竞技能力并在比赛中充分发挥和表现出来，要在规则允许的范围内抑制对手竞技能力的发挥和表现，还要在规则允许的范围内力求得到有利于自己的评定和裁决。因此，作为生产运动成绩的运动训练过程，其核心任务便是发展和提高运动员的竞技能力，故竞技能力在运动训练理论中具有举足轻重的地位。

每个运动项目专项竞技的不同特点，决定其竞技能力构成因素的差异性。例如，举重选手必须有巨大的力量，射击选手应保持稳定的情绪，乒乓球选手需要快速的反应与机动灵活的战术意识和战术能力，篮球选手则需要与同伴默契配合的合作精神。因此，只有对所从事的运动项目的竞技特点做出正确的分析，才能够确定相应的训练要求，选择适宜的训练内容、训练方法和训练负荷。

训练负荷的强度和数量的安排都要考虑专项比赛的特点和需要。马拉松跑、铁人三项运动员的训练课上必须保证有足够的负荷量、有足够的负荷时间，大负荷的专项训练课时应不短于比赛持续时间的两倍；而跳远、投掷等比赛中一次试跳、试掷用时很短的项目，运动员的专项训练课时就不必一定要求很长的时间，在训练中应更加关注练习的强度。体操、跳水、花样滑冰等项目，在专项训练中则特别要注意不断发展和提高动作技术的难度和质量。

（二）科学诊断运动员个人特点，针对性地组织训练

运动训练中的区别对待，应该体现在整个训练活动的全过程和全方位之中。面对运动员不同的个人特点、面对不同训练阶段的时相特点，都需要认真贯彻区别对待的训练原则。科学整合力量和灵活高效的组织指挥是圆满完成训练任务的重要保证。

运动员的思想、健康状况，个性特征，训练水平，以及学习、工作、日常生活等情况均不相同，教练员应对这些情况深入了解并具体分析，因人制宜地在训练中采取区别对待的措施。这就要求教练员要从训练一开始就注意积累建立运动员各方面情况的资料档案，做到对所教的每一个人都很了解。从运动员选材到培养，教练员要了解和分析研究他们生长发育过程中的特殊情况。如有的早熟，出成绩早而快，但不见得将来就一定能达到高水平；有的晚熟，出成绩晚而慢，但不见得将来达不到高水平。女运动员月经期间对训练的反应也不尽相同。教练员对这些都应了如指掌，才能区别对待。

在贯彻区别对待的训练中，要注意与运动员的个性发展相结合。从某种意义上说，高水平竞技体育的运动训练就是一项发现天才、张扬个性、打造极品的事业；优秀的竞技选手大都具备超凡的先天条件，只有充分地发扬其个性特征，才有可能培养出国际级的顶尖高手。高水平优秀选手个性化训练的趋势明显加强，同一项目同一水平的优秀运动选手的训练负荷也会有明显的区别。

同一名运动员在其生长发育与训练的不同阶段也有着不同的即时状态，有着不同的发展目标和不同的训练要求，应该密切关注运动员竞技能力状态的变化，及时调整修订训练计划。

第三节　系统持续与周期安排训练原则

一、系统持续与周期安排训练原则的释义

系统持续与周期安排训练原则，是指运动员应该系统持续地从事运动训练，并应分阶段做出周期性安排的训练原则。

为了在运动训练活动中实现人体的适应性改造，运动员需要多次承受运动负荷，渐进地提高自己的竞技水平。持续的运动训练可使训练效应不断累加，而训练活动的间断则会降低训练效果。培养一名国际水平的竞技选手，通常需要经过6～10年的系统训练，世界优秀选手都是在多年系统的训练过程中培养出来的。同样，在一个年度、一个阶段的训练中，也要求保持良好的连续性。

同时，物质运动普遍存在的周期性特征也清晰地存在于运动训练过程之中。人体运动能力的周期性提高，竞技状态的周期性变化，重大赛事的周期性举办，都提示我们，周期性地安排运动训练过程，处理负荷与恢复、分解与综合、训练与竞赛的有机联系，是设计、组织运动训练过程的重要原则。

系统的持续的运动训练过程需要分解成若干个组织周期，不同时间

跨度的多个周期组合成系统的持续的运动训练过程。发挥系统训练与周期安排的协同效应，对运动训练活动的成功有着重要的作用。

二、系统持续与周期安排训练原则的科学基础

（一）人体运动生物适应的长期性

系统的持续训练是取得理想训练效应的必要条件，人体对训练负荷的生物适应必须通过有机体自身的各个系统、各个器官、各条肌肉乃至各个细胞的变化，一步一步地去实现。运动员的竞技能力是多种能力的综合表现，它不仅涉及生理、心理等各个方面的因素，同时又受先天、后天因素的影响。因此人体机能的适应性改造（包括中枢神经系统功能的改造），不是在短期内所能奏效的。训练对提高运动员竞技能力的影响，必须通过人体内部的适应性改造才能实现。耐力性项目运动员的有氧代谢能力，其肌肉组织内高度的毛细血管化，不是一朝一夕所能形成的；集体球队几名选手之间配合完成某些特定的战术行动，也必须经过长时间的多次练习，使运动员彼此之间建立起相互协调和默契的关系，完成高度协调的战术配合。因此，从人体生物适应的角度来看，运动员应持续地承受负荷，进行系统的训练。

（二）运动训练效应的不稳定性

运动员在负荷作用下所提高的竞技能力，无论是体能、技能、战术能力、知识能力，还是心理能力的变化，都具有不稳定的特点。当训练的系统性和持续性遭到破坏而出现间断或停顿的时候，已获得的训练效应也会消退以致完全丧失。例如，体能的变化主要表现为力量、速度及耐力等素质的改变，训练一旦停止，运动素质消退得很快，特别是通过强化的力量训练手段所取得的训练效应消退得更快。又如运动员在训练中技能得到提高，表明在运动员神经系统的有关中枢之间建立良好的暂

时性联系，这种神经联系可支配运动器官、骨骼和肌肉完成相应的动作。只有经常地反复强化这种暂时联系，才能够保持动作中各个环节的协调配合。如果中断训练，中枢神经系统对肢体精细运动的支配能力便会受到影响，反应迟钝，最终使动力定型遭到破坏。为了避免技能、体能的消退，克服训练效应的不稳定性，必须在训练效应产生并保持一定时间的基础上重复给予负荷，使得训练负荷的积极效应得到强化和累积，使得运动能力得到不断改进和完善。因此，要想获得理想的训练效应，有效地发展运动员的体能、技能、战术能力、知识能力及心理能力，就必须注意保持训练过程的持续性，系统地、不间断地参加训练。

（三）人体生物适应过程的周期性

在训练负荷下，人体的适应过程是长期的，同时也是分多个阶段实现的。机体对一次适宜训练负荷的反应，可划分为工作阶段、适应阶段、恢复阶段和训练效应消失阶段等。在更长一些时间的跨度内，例如，在几个月乃至几年的训练过程中，运动员机体的变化同样经历着竞技状态的提高、保持和下降三个不同的阶段。

为了在重要比赛中创造优异的成绩，运动员总是力求通过科学的训练与安排，使自己在心理上和生理上做好充分的准备，在比赛中最大限度地动员机体的潜力，把自己在训练中获得的竞技能力最充分地发挥出来，创造优异的成绩。运动员参赛的准备状态，称为竞技状态。竞技能力的提高，明显地表现出周期性的特点。在一次负荷下，机体能量消耗产生疲劳，通过机体的超量补偿机制，使得运动员的能力得到提高，在这一基础上又给予下一次负荷，即开始一个新的负荷周期。运动员竞技状态的发展、保持和消失三个阶段为一个完整的训练过程，称为一个训练的大周期。训练的大周期是以参加重要比赛获得满意成绩为目标，以运动员竞技状态发展过程的阶段性特征为依据而确定和划分的。

三、贯彻系统持续与周期安排训练原则的训练学要点

（一）健全多级训练体制，为运动员实现多年系统训练提供有力保证

运动员系统的多年训练活动，必须以健全的多年训练体制作为保证。尽管不同国家的训练体制各有自己的特点，但都着眼于保证运动员多年系统训练的实施。我国目前现行的是三级训练体制，包括中、小学课外训练，业余体校和竞技运动学校的训练以及优秀运动队的训练三个层次，各自担负着多年训练过程中不同阶段的训练任务。

为了保证不同层次的训练组织完成各自的任务，使运动员得以保持多年训练的系统性，在最佳竞技年龄区间表现出最高的竞技水平，各个层次的训练必须紧密衔接，防止各级训练各行其是。相应的对策是：

（1）制定各项目运动员在不同年龄阶段系列的训练大纲。

（2）建立与多年训练各阶段基本任务相适应的竞赛制度。

（3）建立相应的奖励制度。

鼓励中小学、业余体校及运动学校的教练员认真完成基础训练和初级专项训练的任务。

美国等许多国家的俱乐部制、德国的体育寄宿学校、古巴的青年体校，都对保持少年时期和成年时期训练的良好衔接起着重要的作用。

（二）分段组织系统持续训练过程的实施

运动训练过程的组织实施，必须遵循其阶段性的特点，有步骤、有秩序地进行，而这一步骤是按固有的程序排列的。如全程性多年训练依次分为基础训练阶段、专项提高阶段、最佳竞技阶段及竞技保持阶段。一个持续 2～6 个月的训练大周期，依次分为准备时期、比赛时期及恢复时期；一次训练课也依次分为准备部分、基本部分和结束部分等。

训练过程的程序性表现在训练的各个方面。如发展周期性耐力项目运动员的专项能力，应以一般耐力和最大速度为基础；体操运动员学习旋空翻，则必须首先掌握后空翻两周及后空翻转体360°的技术。一支足球队要想熟练运用发高角球战术，就必须有队员能从角旗旁向球门前踢出适宜高度、远度、弧度的球，又要有一名或数名队员能在适宜的瞬间冲到门前适宜的位置，跃起争顶，头球破门。这些环节若缺少任何一个，都不可能组织起成功的发高角球战术。练习内容的程序性在许多情况下都是不可逆的，必须按照固有的程序进行，这样才能取得理想的训练效果。忽视训练活动的程序性，会造成许多不良后果。

要注意两个周期之间的衔接工作，协调各个周期之间的关系。在结束每一周期和实施下一周期的训练工作之前，进行科学测评，针对前一周期在身体、技术、战术、心理等方面所产生的变化及存在的问题，认真总结经验和教训，作为制订和实施下一周期训练计划的依据，以便使各周期的训练工作有机地衔接起来。

(三) 处理训练安排的固定因素与变异因素的组合

周期安排原则的依据是，人体竞技能力变化的周期性特征和适宜比赛条件出现的周期性特征，其中，后者是决定训练周期时间的固定因素，而前者则是变异因素，因为重要比赛日程的安排通常与某个项目最适宜的比赛条件的出现是一致的，而且一般在上一年度即已确定。在竞技体育界，人们普遍认为奥运会冠军的荣誉远比世界纪录保持者要高，因为创造世界纪录不受时间、地点的限制，大多数项目的优秀运动员在任何时间都有可能创造新的世界纪录；而四年一度的奥运会，则要求运动员必须在特定的日期和地点表现出最佳的竞技水平，在与世界各国优秀选手的同场竞技中取胜，显然这一要求的难度大大高于前者。这就要求教练员不仅能使运动员具有所需要的竞技能力，而且能使之在预定的时间里把这种能力最充分地发挥和表现出来。因此，优秀教练员的高超教练艺术更突出地表现在这一点上。

尽管人体本身受着生物节律的影响，但它并非绝对不变，人们完全可以通过训练安排使其在特定的时间里表现出最佳的竞技状态。竞技状态的发展过程是可以由人来控制的，教练员应努力做到有把握地调节这一变异因素，使之与特定的比赛日程安排相吻合。

第四节　适宜负荷与适时恢复训练原则

一、适宜负荷与适时恢复训练原则的释义

适宜负荷与适时恢复训练原则，是指根据运动员的现实可能和人体机能的训练适应规律，以及提高运动员竞技能力的需要，在训练中给予相应量度的负荷，负荷后及时消除运动员在训练中所产生的疲劳，通过机体适应过程，提高运动员竞技能力和取得理想训练效果的训练原则。

在运动训练过程中，训练负荷的安排要以人体机能能力的适应性机制，以训练负荷对运动员机体的良性与劣性影响为科学基础。要注意组织训练负荷与负荷后的恢复，积极而谨慎地探求负荷量度的临界值，探讨疲劳的准确诊断与有效消除。

由适宜的运动训练负荷引起运动员机体发生相应程度的疲劳，要适时地消除机体在训练负荷影响下产生的疲劳，并促进机体的良性补偿，使得运动员的竞技能力得到提高。在训练过程中，存在着负荷与调整、消耗与补充、疲劳与恢复等方面的矛盾。正确辩证认识适宜负荷与适时恢复的关系，使两者发挥协同效应，是我们训练中必须遵循的重要原则。

二、适宜负荷与适时恢复训练原则的科学基础

（一）人体机能对外加适宜负荷的适应性机制

有效的训练必须有足量的负荷，训练负荷水平适宜，才既能保证队

员的身心健康，又能达到或略超出人体最大负荷承受量，从而对机体产生良性的强刺激，促使机体生理机能、运动机能明显改善，并不断产生运动能力累加的痕迹效应。自19世纪末期现代奥林匹克运动兴起以来，运动员的负荷量已大大地增加。20世纪20年代，著名的芬兰中长跑运动员努尔米，一年只训练6个月，每周训练3～4次；到20世纪30～40年代，瑞典的海格将一年训练的时间增加到9个月，他的成绩远远超过努尔米。一个世纪以来，耐力性项目世界优秀运动员年训练负荷量的适度增加，对竞技水平的提高起着重要的作用。

（二）机体在过度负荷影响下的劣变性

运动员肌体承受训练负荷时，会产生应激性的反应。当负荷过大，超过运动员机体所能承受的阈值时，运动员机体则会出现劣变反应。

有机体承担运动负荷会产生一个适应过程，当有机体适应这一负荷后，机体的机能会出现"节省"现象。如果负荷仍停留在原有的水平上，不再提高，机体就不再产生新的适应，机体的机能也就不能进一步提高。只有施加更加强烈的刺激，使机体产生新的适应才能提高机能水平，出现新的训练效果。但是如果训练中的运动负荷不是逐步提高并达到最大限度，而是提高过快、过猛并超过运动员机体所能承担的最大限度，也不能产生新的适应，不但提高不了运动成绩，而且有损于健康。

过度负荷有时表现在生理方面，有时也表现在心理方面。过度负荷的直接结果，首先是机体出现不适应的症候。据张问礼"生物应激与运动训练"一文（载《北京体育科技》，1984年第二期）报道，这种不适应的症候包括：慢性体重下降，非受伤引起的关节及肌肉疼痛，慢性肠功能紊乱，扁桃体及腹股沟淋巴结肿大，鼻塞和发冷，出现皮疹和肤色改变，周身性肌肉紧张，疲惫不堪、失眠不安等。

上述不适应症候出现后，如果仍不采取措施，使运动员机体得到必要的恢复，那么就会进一步发展成为过度疲劳。过度疲劳会对运动员机体带来很大的破坏，会导致运动员健康状况和体能的明显下降，使运动创伤增加，甚至造成灾难性的后果，有些运动员甚至因此过早地结束了自己的运动寿命。

运动员高负荷训练后、重大比赛后或者遇到某些特殊的经历后，会出现不同程度的心理疲劳。心理疲劳对运动员训练和比赛的状态有着不可忽视的影响，有时会明显超过生理疲劳，给运动员保持系统持续的训练和比赛带来巨大的阻碍，必须高度重视。

三、适宜负荷与适时恢复训练原则的训练学要点

（一）准确把握运动训练负荷的适宜量度

运动训练过程中的任何一个负荷，都包含着负荷的量与强度两个方面。前者反映负荷对机体刺激的量的大小。后者反映负荷对机体刺激的深度。负荷的量和强度分别通过不同的侧面表现出来，人们也可以运用不同的指标去反映负荷量和强度的大小。负荷的量和强度构成负荷的整体，它们彼此依存而又相互影响，任何负荷的量都是以一定的强度为条件而存在的，任何负荷的强度又都以一定的量为其存在的必要基础。一个方面的变化必然会导致另一方面的相应变化。我们在比较负荷的大小时，一定要将这两个方面综合考虑。

负荷的适宜度主要通过施加负荷产生的后果来予以评价，包括机体疲劳的程度及恢复与超量恢复所需的时间、技战术训练的效果、是否引发运动性伤病，以及是否引发心理疾病和心理障碍等方面。

通过生理生化指标的监测可以比较客观地诊断运动员机体的生理疲劳程度，如血色素、尿蛋白、血睾酮等都是常用的监测指标。建立义务监督制度，定期与不定期地健康检查，可以及时地发现运动性伤病。总结在不同阶段、不同情境下学习、掌握、熟练以及运用技战术时对训练负荷的要求，借以把握技战术训练时的运动训练负荷。如体操运动员精力充沛时，学练新技术易取得好的效果，因此负荷次数不宜过多；篮球

运动员为提高在比赛快要结束时的罚球命中率，需要安排在较大负荷训练后、机体疲劳时作罚球练习。

(二) 科学地探求负荷量度的临界值

多年以来，人们已经清楚认识到，负荷量度的增加会带来更好的训练效果，而且越接近运动员承受能力的极限，效果就越明显，于是许多教练员和科学家都在致力于寻找这一负荷量度的极限。如中国长跑教练员马俊仁，为他训练的女选手设计"每天一个马拉松"的负荷计划，造就中国田径史上辉煌的一页。

运动员负荷量度临界值的大小既随其发育程度、竞技水平等状态的变化而变化，又受运动员健康状况、日常休息、心理状态因素的影响，因此对它的测定和评价必须要有充分的科学依据，要用科学的诊断方法，力求准确地掌握负荷量度的临界值。在当前，人们对负荷极限的认识还不具备完全把握的时候，通常应注意留有余地，以避免过度训练的出现。

(三) 积极采取加速机体恢复的适宜措施

(1) 训练学恢复手段。主要包括变换训练内容和训练环境，交替安排负荷，调整训练间歇的时间与方式，在训练课中穿插和采用一些轻松愉快、富于节奏性的练习等训练手段，也包括在恢复过程中以轻微的肌肉活动，帮助肌肉和血液中的乳酸更快消除，还可以根据人体的"生物钟"节律，安排每天的训练时间，成为一种习惯性的定型，节省神经能量，也有利于机体的恢复。

(2) 医学、生物学恢复手段。主要包括理疗恢复手段，如水浴、蒸气浴、旋涡浴、氮水浴、苏打碳酸浴、盐浴、珍珠浴、含氧浴、腐殖酸浴等，其他手段还有按摩、电兴奋、电睡眠、紫外线照射、红外线照射等。

(3) 营养学恢复手段。由于运动时运动员的能量消耗大，运动后的能量补充除了考虑补充物的数量，还应注意各种营养素的适宜搭配。例如，运动后吃不同的糖，对身体不同部位糖储存的恢复就有不同的影响。维生素及多种微量元素更是运动员营养中不可缺少的重要组成部分，它与运动能力的恢复有着密切的关系。维生素及多种微量元素在体内不能合成或合成不足，必须从食物中摄取，所以要注意食品的种类和配比。

（4）心理学恢复手段。一般可利用自我暗示、放松训练、转换训练、气功调节、生物反馈等手段促进恢复，针对每个运动员特殊的心理问题，要对症下药，专门进行心理调节或心理辅导。

四、适宜负荷与适时恢复训练原则的应用——美国俄勒冈大学中长跑队训练的五个原则

美国的大学储备大量优秀的体育后备人才，这些人才是美国竞技体育重要的人才基础。美国大学注重发挥自身的优势，凭借自身的经济实力在发展中国家和其他一些发达国家竞争优秀体育人才，这种在源头上竞争运动员的优势也是美国大学高水平竞技体育得以持续发展的重要因素。美国的俄勒冈大学被誉为美国田径运动的大本营，培养出曾多次打破世界中长跑纪录的菲尔·耐特、比尔·鲍曼等一批世界著名中长跑运动员。美国俄勒冈大学中长跑队训练的五个原则如下。

（一）适度原则

适度原则是指根据运动员的现实可能和人体机能的训练适应规律，以及提高运动员竞技能力的需要，在训练中给予相应量度的负荷，以取得理想训练效果的训练原则。运动员在训练中承受一定的运动负荷后，必然会产生相应的训练效应。但并非只要施加负荷，就一定会产生良好的训练效应。训练负荷的安排对训练效应的好坏有重要的影响。机体对适宜的负荷产生适应，但如若负荷过小，不能引起机体必要的应激反应；而在过度负荷作用下则会出现劣变反应。训练是为了比赛，不是跑

得越多越好，要求运动员跑的里程和运动员自身的耐力和技巧有关。所以训练中要对运动员自身的天赋有客观的认识，整个赛季都要保持运动员的健康，检查进度，防止运动损伤。例如，在俄勒冈大学中长跑训练中，如跑步姿势正确，不易受伤的情况，跑的距离可长一些。如果运动员跑步时喜欢用脚后跟着地，跑得太长就易造成运动损伤。像美国高中1万米纪录保持者里利·车普每天跑40～60英里，而一名优秀长跑运动员经过70天的训练后才能加量到每天多跑1英里。所以说永远不要训练过度，让竞赛将运动员状态提升至最后的顶峰。

（二）进步原则

进步原则是指循序渐进地组织运动训练过程的训练原则。俄勒冈大学中长跑队用"每日步速"和"目标步速"的图表来衡量进步。教练员根据运动员跑完的路程和运动员感觉舒适的步调来衡量"每日步速"。例如，迈特·戴维斯的目标步速图表：目标是13小时30分钟跑完5000英里，1/4英里赛要跑65秒，跑完1英里用4分48秒。其良好的步速是1/4英里赛跑72秒。教练员要求戴维斯用1/4英里的步速跑3英里。从1月到6月，1/4英里赛跑从72秒提高到65秒。日程步速的训练中，一开始距离较大，重复约1200英里，在3月份跑600英里、800英里或1000英里，到5、6月份，训练距离越来越短，1/4英里赛跑72秒提高到66～67秒。要求每日跑3英里，一个训练周期共跑8×300英里。当然，任何成功并不是总要遵循同一模式。训练中随时要调整目标，以保证让每个训练的运动员获得成功。"目标步速"是随时可以变更的，了解每个运动员之前能跑多快，再看看他的进步，以确立目标。像普里刚来俄勒冈大学时，排全国第4或第6位，他给自己定的目标是要求跑到3分48秒，而当时的世界纪录是3分51秒，最后教练员给他定的目标是3分56秒。在斯坦福训练时，训练系统中计划通过两周训练以达到75秒的步速，再用两周的时间训练达到73秒的步速，再通过两周时间的训练达到70秒的步速。教练员也更喜欢这种通过固定时间来提高进步的方法。

（三）适应原则

人体对训练负荷的生物适应必须通过有机体自身的各个系统、各个器官、各部位肌肉乃至每个细胞的变化，一点一点去实现。运动员的竞技能力是多种能力的综合表现，它不仅涉及生理、心理等各个方面的因素，同时又受先天、后天因素的影响。因此人体机能的适应性改造包括中枢神经系统功能的改造，都不是在短期内所能奏效的。而训练对提高运动员竞技能力的影响，必须通过人体内部的适应性改造才能实现。所以要求对组员的天赋有适应性，对场地的硬件有适应性，对天气条件有适应性，要适应组员的健康状况。中长跑训练中，教练必须注意让运动员在不同水平下都能取得进步，必须让运动员在每个训练阶段都能取得成就感。教练员要对每个训练计划做出修改适应，以保证每个运动员获得成功。例如，在训练阿布多·赛里萨时就对训练计划做出了适应性的调整，原计划每天跑 6 次 1 英里，每次时限为 4 分 30 秒，实际训练中 1～3 次能达到，第 4～5 次就达不到要求。教练员将计划适应性地调整为 4×300 米，48 秒完成每一次，计算下来等同于 4 分 16 秒跑完 1 英里。中长跑队在斯坦福训练时，当时没有地方练跑步，教练员让队员上下跑楼梯来适应，还有一次教练员让队员在海滩上来回跑做适应性练习，也取得良好的效果。所以在训练时不要过分担心生理状态、天气等，教练员可以尝试修改训练计划适应，并要求运动员坚持完成制订的训练内容。

（四）多变性原则

多变性原则指在训练中采用灵活多变的训练方式，提高运动员的兴趣的训练原则。俄勒冈大学中长跑队将多变性原则应用于适度原则、进步原则、适应原则。中长跑训练中训练方法有时间间隔训练法、循环训练法、法特莱克训练法等很多种。俄勒冈大学中长跑队根据实际训练时可采取多变选择。例如，时间间隔训练是运动员快速定型的最好方法，如整年都用时间间隔训练法，会很快将运动成绩提高到顶峰，但很难将这种最佳状态保持长久。

（五）强化性原则

强化性原则指通过同一动作或同组动作的多次重复，经过不断强化运动条件反射的过程，有利于运动员掌握和巩固技术动作，通过相对稳定的负荷强度的多次刺激，可使机体尽快产生较高的适应性机制，有利于运动员发展和提高身体素质。俄勒冈大学中长跑队谨记在没有准备好的情况下不要轻易在比赛中尝试，更要注意的是除非经过强化训练，否则别在非平坦的地面比赛。进入 21 世纪，世界中长跑理论的发展有了新的飞跃，那种传统的认为中长跑是以有氧代谢为主的理论及训练法正面临着挑战，训练的方法更加科学化，从训练手段到内容都注入新思想。俄勒冈大学中长跑训练的适度原则、进步原则、适应原则、多变性原则、强化性原则等原则丰富和完善了当今的训练理论，世界中长跑也得到飞速的发展。

第三章　青少年运动训练学的理论思想

第一节 二元训练理论

世界上任何一种理论思想都毫无例外地受到哲学思想的影响，运动训练的理论思想也是如此。训练理论是条理性的训练思维智慧，它由人们的理论思维方式和对训练的观察研究结合而产生的。目前，我国运动训练的主要理论思想是二元训练理论。

自从1896年第一届奥运会开始，运动训练的理论与方法也伴随着奥林匹克运动发展而逐步完善。20世纪20年代，苏联开始对训练原理进行研究，提出运动分期理论。70年代运动训练学形成体系，苏联和德国出版了许多运动训练学专著，开始形成比较完善的理论体系。因为这种训练理论体系是建立在"体能"和"技能"的基础上，因此，称其为"二元"训练理论。

"二元"训练理论深受牛顿对时空哲学思想的影响，其突出表现就是，训练工作始终停留于"先进行一般训练，然后转入专项训练"的固定模式上。一般训练与专项训练相结合的原则，事实上就是规范全部训练工作的基本式样。在具体的专项训练活动之外，设置一个类似于无限空间和永恒时间那样的宏大背景，亦即外在地给定不为任何具体专项训练所特需，而又似乎为一切项目训练所必需的那种训练内容及手段。

何为一般训练？传统理论对其仅有一些含混表述，时而说一般训练就是"多种多样的非专项的身体练习手段"，时而又说一般训练就是与专项不同的"其他项目的运动技术"。这些表述虽然含混，却也部分地道出了真情：一般训练，就是允许一部分训练活动不必从专项竞赛效能出发去选择练习内容。

对于"二元"训练理论的产生，还有一种说法，即它起源于近代制造业的科学方法论。

近三四百年来，制造业的发展极为迅速，成果覆盖了全社会、全世界。制造业的科学方法论首要的、根本的是"还原论"（"简化论"），即对事物科学地进行分解，一直分解到"分子""原子"……层次，这样就能促成对事物的认识的"科学化"。对于现代制造业来说，万吨巨轮、超音速飞机等，只是"小菜一碟"。人们就认定制造业比人体训练更复杂、更"科学"。在这样的背景下，对于训练工作的研究，就很自然地把制造业科研中的思维惯性移植过来。

"还原论"从运动能力分解出"身体素质"（"体能"）和"动作技术"两大"元因素"，认为这是一切运动项目的"共性"。于是，"二元训练理论"就诞生了。在这个理论中，"身体素质"可分解为"速度素质""耐力素质""力量素质""灵敏素质"等。"速度素质"还可再分解为"速度耐力素质""速度力量素质"等"次级因素"。如此逐级分解，形成了一个庞大的体系。训练工作的内容必须把这两大"元因素"体系收罗进去，这就是"全面化"训练方法的根本特点。"全面化"就是"二元训练理论"的外显。

"二元训练理论"归纳为：

（1）运动成绩由"专项技术"和"身体素质"这两种"元因素"相结合而产生。

（2）训练行为产生"超量恢复"，这是运动成绩得以提高的根本原因。

（3）由"准备、基本、竞赛、过渡"等时期构建"训练周期"，其实质是由"全面身体素质"和"专项技术"这样两个主题阶段以及两个阶段间"巧妙"的过渡和连接构建训练周期，这是"科学"训练安排的根本规范。

以上三条就是传统的体育运动训练理论最基本、最根本的原理。

第二节　一元训练理论

茅鹏、严政、程志理等于 2003 年提出"一元训练理论"的概念，认为"技术"和"体能"本是"一元"的，是同一本质的不同侧面，两者不能分离。不存在没有体能内容的动作技术，也不存在没有技术形式的体能发展。技术与体能就像形式与内容一样，在客观现实中是无法分离的（只能在概念的指向中，为了思考的需要，人为地予以分离）。

"一元训练理论"认为：人体是复杂适应系统，人体生命的存在形式是一种"有序状态"。其"有序"的核心在于复杂信息调控网络。运动训练的本质：在人体与环境的相互运动中，设置和变换种种条件（能量的、空间的、时间的等），在生命运动的物质代谢的配合下，促使有序状态调整、发展，从现实状态过渡向目标状态。人体有序状态的调整和发展，是训练致使运动能力（成绩）进步（发生改变）的原因。训练目标就在于机体的"专项化"最佳发展，"一元训练理论"为此引进"熵"概念：专项成绩越差，混乱程度就越高，"熵值"越高；专项程度越好，混乱程度越低，"熵值"越低。

在一元训练理论看来，运动能力存在于身体有序状态本身，而并非是其所持有的资源。训练，就在于有方向地激发内部矛盾，促使矛盾统一整体向特定状态发展，即有方向地激发有序状态，从而顺理成章地朝向目标状态调整和发展，以实现运动能力进步。

所以，专项训练手段，特别是接近成绩水平的专项训练（包括它的分析性、分解性组成因素）是关键性训练手段。

运动能力（成绩）随时间的推进呈现非恒定的、波浪式的状态，可称之为"体力波"。进步，需要从"体力波"的运动中去争取。

人体有序状态存在多个层次。从运动训练角度看，可分别为"基本生命运动"和"运动能力运动"两大层次。"体力波"就是在这两大层次的矛盾运动中展现出来的。训练掌握得好，可以实现下述良性循环：依靠"基本生命运动"的稳定和兴旺，实现"运动能力运动"稳定性的破坏和重建；依靠"运动能力运动"的活跃，促进"基本生命运动"的稳定和兴旺。

训练对于运动能力的促进，是通过"激发"和"适应"在体内波浪式地展开的。为了促使从现实状态过渡向目标状态，首先，需要从人体有序状态内部，有方向地"激发"出"发展需求"。特别是促使有序状态的信息调控机制，经过"应激"，沿着连续性，从一个间断态"跃变"到新的间断态，达到可从暂时锁定的新形态，同肌体现实状况产生出矛盾张力。这时，就完成了运动能力的"潜在上升段"，完成了走向进步的、必要的准备。这个"激发"手段，主要是接近成绩水平的专项性质的手段。

经过"应激"，完成运动能力"潜在上升段"的同时，体内的能量物质和其他物质可能由于消耗而需要补充，代谢物则需要排除，健康状况也可能从"健康态"下降为不同程度的"亚健态"。这时候，就需要在相应的、良好的生活安排的配合下，进行相应的、必要的恢复性训练安排；完成补充和排除，恢复身体内环境的良好状态，使身体状况从"亚健态"恢复到"健康态"；同时，使身体有序状态得以全面完成相适应的转变，得到稳定的新质形态。这段训练过程可称为"适应段"或"恢复段"。

一般地说，既完成了激发出上升需求的"潜在段"，又完成了满足上升需求的"恢复段"，即依循"体力波"完成了一个完整的"训练波"。

这样的"训练波"，也可以叫做"训练小周期"，其长度因项目、因人、因具体情况而异：短的可能在一天之内，长的为几天以至若干天时间。

因此，"训练波"成为不断提高运动能力（成绩）的、滚动式训练安排的、完整的基础环节。通过"体力波"和"训练波"，运动能力的进步就从神秘化中走出来，转变为可以具体捉摸的对象。

对于技能，一元训练理论认为，大脑中的"信息结构"是个人能力的核心。它是通过后天的学习过程，有机地组建、发展起来，并在一生中长期保持着的。不学习正确的技术而练体能，既"巩固"不了合理技术，同时也严重限制了体能发展的高度。一个人的技艺水平，不是简单地同训练量的累积相关，而是同训练过程的合理性密切相关。

技术与体能是同在的，是同一问题的两个不同侧面。技术，首先依赖于大脑中的"信息结构"。在整个机体的有机配合下，"信息结构"指挥机体的"运动单位"运动肢体，"体能"就显出来了。

按照"分形理论"中的"相似性"关系，不同强度的相似(形式相同、强度不同，故称"相似")技术形式之间，是存在联系的。"欠"强度（低强度）的技术改善，可以为"满"强度的技术改善创造条件、打下基础。所以，在训练安排顺序中，一般必须先技术后体能。

动作技术水平是竞技能力的基本要素之一，是技术水平的外部表现，是力学合理程度；其内部机制，关键在于神经中枢在具体的"信息结构"的完善程度。及早地依次解决好各个应予解决的技术环节，才能为运动能力奠定优质的基础。这对于培养世界一流的运动员，是极为重要的。

第三节　"一元"与"二元"互补理论

"一元"训练理论问世以来，学者们就运动训练"一元"与"二元"展开了激烈的学术论争。"一元"训练理论培养了我国抓举冠军崔文华，其成绩打破了世界纪录；指导中国体操队改革创新，走上夺冠之路；刘翔在"雅典"奥运会上的夺冠，也被认为是"一元"训练理论的功绩。

事实上，在"一元"训练理论出现之前，"二元"训练理论也曾经培养出很多冠军和一流运动员。客观地说，建立在"体能"与"技能"基础上的"二元"训练理论，伴随着运动实践的发展不断地在完善和发展，例如，形成一般运动训练理论、项群训练理论和专项训练理论三个层次的内容体系。这些体系的构建都是建立在专项训练实践的基础之上的。随着运动实践的发展，"二元"训练理论对于训练的全面专项化、训练手段和方法的整体化、淡化大周期、强化和细化小周期以及以赛促练等观念的出现产生了影响，使训练更具针对性。

任何一种学说都不是完美无缺的，任何一种学说都是在实践中不断完善和发展的。在发展的过程中，吸取诸多流派的精华，这样才能够向前进化。

王健等提出的"互补理论"对于同一事物从不同侧面来解释事物的本质，有着极其重要的作用。

一、学术上互补性

长期以来，"二元"训练理论在训练界占据主导地位，"二元"训练理论被认为是绝对科学的理论，导致有些体育工作者的思想僵化，工作缺乏思考。"一元"训练理论的出现，可谓一石激起千层浪，对于运动训练理论界来说，意义重大。

"二元"训练理论在"一元"训练理论与实践的互动过程中不断得到吐故纳新和自我完善，一些传统的曾经对训练起到非常重要指导作用的理论，因已不适应更高层次的训练实践而遭淘汰，一些先进的融合了当代新理念和新技术的现代训练思想和方法又补充进来，对传统训练理论进行变更并建立新的更加客观、科学和实用的训练体系。"一元"训练理论也是在对"二元"训练理论与运动实践的重新审视之下发展起来的。

二、训练思路上的互补性

"一元"训练理论从整体的角度去思考，把人作为一个完整的系统去考察，把运动项目本身作为一个整体来考察。它提倡直接进行专项训练，优点是运动员能多从整体上去考虑，全局观点强，成绩提升快，能更好地发挥运动员的主动性、创造性。

"二元"训练理论更多地把运动项目从分解的角度去训练，先分解后综合，把训练划分为体能训练、技术训练、战术训练、心理能力和运动智能训练。体能训练划分为速度、力量、耐力、灵敏和柔软训练。这样训练的优点是能丰富训练方法，使运动员全面发展，并打下良好基础。

三、初级阶段与高级阶段的互补性

"二元"训练理论对训练初级阶段的指导，基本能够很好地解释训练初级阶段的大多数现象。优秀运动员的培养是一个长期的、系统的和复杂的过程。"二元"训练理论中的超量恢复理论和周期理论能够很好地解释这一阶段训练中出现的问题。

随着运动员竞技水平的提高，运动员进入了运动训练高级阶段。运动员机体各器官、系统的功能以及它们之间的协作不仅达到了相当高的水平，而且日趋接近生理极限。竞技能力发展的"可塑空间"逐渐减少，对训练手段和负荷的要求明显增强，运动成绩增长与机体损伤的矛盾也日益突出。"二元"训练理论的周期理论受到质疑，不能很好地解释一些现象；缺乏基础理论和实验的支持，不利于高水平运动员的训练；周期训练模式已不适应赛制的发展。周期理论的两个主要支撑点是：不同训练阶段"一般与专项训练的不同安排"和"负荷量与强度的不同比例"，随着竞技体育的发展和训练科学水平的提高，该理论已经不能覆盖运动训练的这个过程。它忽视了不同水平运动员生理、生化基础以及对训练方法和负荷的不同要求，缺乏对不同年龄、水平和条件运动员的区别对待，尤其不利于高水平运动员的进一步提高。

必须认识到高水平运动员与青少年后备力量的训练存在着显著的差别。一方面，如果在高水平训练阶段仍然遵循周期训练理论，准备期占用大量的训练时间，仍以低强度与一般训练为主，则不能使机体受到适应刺激，也不会获得很好的机能储备；另一方面，长期脱离专项训练手段的负荷，不仅不会有效地提高专项运动成绩，而且还会使机体在形态、结构和功能上朝非专项的方向发展，导致专项能力下降。我国部分体能类项目优秀运动员成绩长期徘徊不前，只能达到一般世界水平，而无法进入世界高水平的状况，与我国受到训练周期理论的影响，在高水平训练阶段缺乏正确的训练思路不无关系。

而"一元"训练理论解释了这一现象，强调了高水平的专项训练的重要性，并对缩小训练周期提出自己的思想。"二元"训练理论受到"一元"训练理论的启发，周期理论发展为"单元训练"理论，适应了运动实践的发展。

海纳百川，有容乃大。只有不断吸取各种先进的思想和理论，运动训练学才会发展，才会有旺盛的生命力，才会生生不息。

第四章　体育运动训练的科学基础

第一节　运动训练生理学基础

运动训练的生理学基础主要是由相关运动生理学的基本知识、基本理论组成。这里选择性地介绍能量代谢、血液循环、骨骼肌肉和中枢神经系统的基本理论和知识，同时，针对性地阐述运动适应与运动应激的生理机制与特点。这些内容都与运动训练的素质提高、技能形成、负荷安排、参赛准备密切相关。其中，认识和理解血液循环、能量代谢、骨骼肌肉和中枢神经系统，是为了更好地、更深入地认识和理解竞技运动训练的主要任务、训练方法、具体内容与负荷安排。

一、能量代谢与血液循环

（一）能量代谢系统特点

三磷酸腺苷简称 ATP，是肌肉活动时直接供能的化学能量物质。它是人体内最为重要的"高能"化合物。ATP 主要储存在机体细胞之内。其中，肌肉细胞中 ATP 含量最多。除 ATP 之外，其他形式的化学能都必须转变为 ATP 的能量结构方能供肌肉收缩之用。

ATP-CP 代谢系统又称为磷酸盐系统。其中 CP 也是高能量磷酸化合物，同样储藏在肌肉细胞内，分解时可释放出大量能量供给 ATP 再合成使用。CP 释放的能量使 AUP 和无机磷酸再合成为 ATP。每 1 摩尔质量 CP 的分解，能再合成 1 摩尔质量的 ATP。ATP 和 CP 合称为磷酸盐。肌肉中存储的磷酸盐总量不多，男子约有 0.6 摩尔质量，女子约有 0.3 摩尔质量。显然，利用此系统所提供的能量是极为有限的。据研究，人体如以最快的速度持续运动几秒时，肌肉中的磷酸盐（ATP、CP）即已耗尽。磷酸盐系统，对于从事跳跃、短程疾跑、踢摔、投掷等只需几秒就可完成的各种技能是有着极大作用的，它不但是这些运动活动的主要能源，也对运动员的运动成绩水平有着直接的影响。

乳酸代谢系统又称无氧代谢系统。缺氧状态下代谢系统中的糖的分解所产生的能量，可使 ATP 得以还原。缺氧状态下肌糖原的分解代谢产物为乳酸，故又称之为乳酸代谢系统。当肌肉和血液中的乳酸积累到一定程度时，可致使肌肉产生暂时性疲劳。肌糖原在无氧状态下释能供 ATP 再合成数量远不如有氧状态下的 ATP 合成数量。例如：180 克肌糖原的无氧分解仅能生成 2 摩尔质量的 ATP；而有氧状态下分解产生的能量，足以合成 39 摩尔质量的 ATP。乳酸代谢系统对于某些竞技运动来说，是非常重要的。像 400 米跑与 800 米跑这一类需要持续 1 分钟到 3 分钟最大速率运动的活动，大多都依赖着乳酸代谢系统提供能量，而在较长时间持续运动的最后阶段，乳酸代谢系统的供能作用是非常突出的。

有氧代谢系统又称有氧供能系统。研究发现，机体有氧代谢下同等量的肌糖原全部分解后的代谢产物只是二氧化碳和水，所释放的能量可制造 13 倍于无氧状态下合成的 ATP。机体有氧代谢场所和无氧代谢场所一样，均在肌肉细胞内。然而，有氧代谢的具体场所仅仅只是在细胞的线粒体内。肌肉纤维细胞里面的线粒体是有氧代谢状态下 ATP 生成或还原的场所，所以将细胞内的线粒体称为人体运动的"发电厂"。显而易见，肌细胞内线粒体的数量会对有氧代谢的水平造成直接影响。研究发现，不同的肌纤维类型与线粒体的数目有着密切的关系。通常来说，红肌纤维内的线粒体数目比白肌纤维内的线粒体数目远远要多。这一研究不但有效提高了科学训练的针对性，也为科学选材提供了生理依据。

有氧代谢系统的另一特性与代谢物质的种类有关。例如，脂肪、蛋白质、肌糖原是能量代谢的物质基础。在有氧状态下二者都可通过分解释能供 ATP 合成。其中，256 克的脂肪分解能产生 130 摩尔质量的 ATP。显然，长时间运动时（有氧状态下），肌糖原和脂肪是生成 ATP 能量的主要能源，蛋白质在脂肪要耗尽时才会正式启用。有氧代谢系统能够使肌糖原、脂肪分解释能供 ATP 合成，此外，其代谢产物也不会导致身体疲劳的产生。因此，有氧代谢系统是长时间耐力运动的基础。运动员的有氧代谢水平对其耐力运动成绩有着直接的影响。

（二）血液循环系统特点

氧是 ATP 能量产生或再生的重要条件。空气中的氧必须通过呼吸系统和血液循环系统两大系统的通力合作，才能输送到肌肉细胞中的线粒体里供 ATP 合成。整个输送路径是：肺部毛细血管肺静脉→左心房→左心室→主动脉→各组织处毛细血管。有关研究发现，外界氧气要进入肌细胞线粒体，其中必须要通过体内的 18 层膜。新鲜空气一旦进入肺泡，空气与血液之间的氧与二氧化碳的交换即刻开始。这就是第一阶段的气体交换，交换的位置在肺泡血管膜上。肺泡血管膜是一层极薄的组织层，主要功能是将肺泡中的空气与肺泡微血管中的血隔开。第二阶段为血液和骨骼肌组织间的气体交换，即在组织—微血管膜上进行。气体从第一阶段到第二阶段的交换，受着多种因素的影响。

血液传送氧和二氧化碳的方式有两种：一种是溶解于血液中，另一种是与血液进行化学结合。一般氧的传送方式主要为第二种。大部分的氧与红细胞的血红蛋白做化学的结合被输送。氧正是与血红蛋白的结合，随着血液的流动，由动脉血管经微动脉，再经毛细血管，最后到达气体交换的第二阶段位置，进入细胞线粒体。可见，只有通过血液循环系统血液输送才得以完成。血液循环系统内的心血管系统是由心脏、动脉、毛细血管及静脉组成的一个封闭的运输系统。由心脏提供动力推动血液在其中循环流动，为机体的各种细胞提供了赖以生存的营养物质和氧气，也带走了代谢产物二氧化碳。显然，气体进入第二阶段的交换主要受红细胞数目、血色素含量、肌肉中微细血管数目和微血管的密度等因素的制约。

采用心率测量方法估算运动员的心血管系统功能，分析运动强度，是运动训练实践中常用的简易手段。一名优秀选手的每搏输出量和心率明显差别于一名正常人。在安静的状态下，正常人的每搏输出量为70～80毫升，心率为65～100次；而优秀选手每搏输出量为100～110毫升，心率为50～60次。最大强度下一名正常人的每搏输出量通常可达120毫升，而优秀选手可达170毫升。运动时，血液分配发生了显著变化，其中最大强度运动时，肌肉可获得血液而安静时，仅为15%。运动时血液的改变受两种因素影响：一是肾、肝、皮肤等的动脉血管收缩而变细；二是供应骨骼肌的动脉血管和骨骼肌肉内的毛细血管的扩张。正是这种生理性的变化，才确保骨骼肌内能输入大量带氧的血液。

进行耐力训练或耐力运动时，人体中所需要的 ATP 主要来自有氧代谢系统。其中最大耗氧量、最大耗氧量利用率是两项重要指标。最大耗氧量有93%受先天遗传影响，因此可将最大耗氧量利用率作为指标来评定运动强度。最大耗氧量利用率与乳酸生成关系密切。非运动员一般在 $60\% VO_2 max$ 时，其乳酸聚集明显上升；而优秀耐力运动员在要接近 $80\% VO_2 max$ 的时候才开始乳酸聚集。实践中人们往往利用最大耗氧量利用率与乳酸生成的密切关系，通过测试乳酸浓度来了解人体的输氧能力。研究发现：人体在逐渐增加强度的运动中，乳酸浓度在 4 毫摩尔/升或 36 毫克时开始急剧增加，这一临界点可称"乳酸阈"或"无氧阈"。研究发现，运动强度越大，氧的输入功能就越强，利用率越高，有氧代谢水平也越高。

(三) 主要项目代谢特点

不同运动项目的能量代谢特点，一般都要以运动（训练）的有效负荷的作业时间作为讨论的基础。作业时间指实际运动（训练）需要的时间，如篮球运动分为上下半场各20分钟，共长40分钟，所需的能量就会涉及有氧代谢系统与无氧代谢系统。所谓有效负荷的作业时间是指某项运动最强负荷阶段的作业时间，例如某些项目看似作业时间较长，但是关键分值是通过瞬间的许多技能，如急停、跳跃、疾跑完成的，因此，这些技能的完成又是在无氧状态下进行的。例如足球、篮球和排球运动的比赛时间，看似能量代谢系统属于有氧代谢供能为主，但是具体到个人的有效攻防技术的作业强度，通常属于以无氧代谢供能为主。所以，应从本质上深刻认识球类运动能量代谢供能特点。

划船、游泳、自行车、速度滑冰和田径等运动，它们的作业负荷强度的变化都较小，具有一定的相似性。因此，我们可以通过持续作业时间看出这些项目的能量代谢供能特点。如田径 1500 米跑与 400 米游泳的作业时间大体相近，800 米跑、200 米游泳的作业时间大体相似，故可由此判断：有效作业时间相同的不同周期性运动项目，其能量代谢特点具有高度的相似性和同类性。从中可以看出，乳酸代谢系统供能效率与作业强度、作业时间有着密切联系，并且具有明显的差别，导致这一差别的原因如下：

（1）高强度运动中，乳酸代谢系统需要一点时间才能启动。因此，高强度的初始阶段，无法从乳酸代谢系统中提供能量供 ATP 再次合成；

（2）从事一段乳酸代谢系统参与工作的较高强度活动后，机体往往会因体内乳酸的大量堆积致使肌肉疲劳，从而降低了运动强度，导致了有氧代谢供能的比例增大。

因此，在实际训练和运动中，纯粹以乳酸代谢供能的形式并不多见，而是多与其他两个代谢系统中任一系统相互为用。

二、骨骼肌肉与神经控制

（一）骨骼肌的收缩机制

骨骼肌具有收缩能力，它表现出来的收缩力由在特定范畴内引起收缩的运动单位参与数量和神经冲动传导的强度这两种条件控制。

骨骼肌的纤维都被组织成运动单位。所谓运动单位是指一个脊髓运动神经元或脑干运动神经元和受其支配的全部肌纤维所组成的肌肉收缩的最基本的单位。不同肌群，其运动单位中所含的肌纤维数有很大的差异。根据生理功能的分类，运动单位可分为两类，即紧张性运动单位（tonic motor unit）和运动性运动单位（kinetic motor unit）。紧张性运动单位的肌纤维发生兴奋时发放的冲动频率低，但可长时间持续发放，氧化酶含量高，属于慢肌运动单位；运动性运动单位的肌纤维兴奋时发放的冲动频率较高，肌肉收缩力强，但易疲劳，氧化酶含量低，属于快肌运动单位。通常来说，一个运动单位中肌纤维数量多则力量大，但是动作不很灵活；肌纤维数量少则动作灵活，但是力量较小。

运动神经纤维起于中枢神经系统，并进入骨骼肌到它所支配的肌纤维。神经纤维的末端分成许多分枝，每一分枝与一条肌纤维相连。当神经元传导神经冲动时，此冲动传遍该神经元的神经纤维分枝，并到达该运动单位的所有肌纤维，从而引起该运动单位所有肌纤维一起收缩。运动单位的肌纤维并不集结在一起，而是分散在整块肌肉的各处。所以，单一的运动单位收缩时，可出现整块肌群的轻微收缩。倘若是更多的单位收缩，那么肌肉产生的张力就更大。运动单位是骨骼肌的基本作用单位。当一运动单位神经元受刺激时，此单位所有肌纤维全部发生收缩。如该单位有许多肌纤维，则其收缩力强；肌纤维少，则其收缩力弱。因此，肌肉的收缩力可因参加收缩运动单位的多少或因运动单位的大小而不同。

中枢神经系统超过刺激阈的神经冲动传至神经肌肉接头处的运动终板时，会释放出乙酰胆碱，继而导致细胞膜的去极化和钙离子的快速流入，进而引起运动单位所辖肌纤维的兴奋、收缩。肌肉收缩实际上是由肌球蛋白丝和肌动蛋白丝交互作用的结果。此作用使肌动蛋白丝向肌球蛋白丝接近，从而造成肌纤维缩短。至于这种交互作用是如何形成的，这里暂不讨论。简言之，是由肌动蛋白丝与肌球蛋白丝之间的横桥产生滑动、钩接引起肌纤维缩短，而横桥活动的能量来源于 ATP。一般地，当肌肉缩短速度增加时，肌肉产生的张力即减低，原因是当肌动蛋白丝滑过时，横桥只有一段时间可用以钩接。如果收缩速度增加，参加横桥数目将会减少，因而使张力降低。

（二）肌肉收缩基本类型

骨骼肌肌肉收缩有等张收缩、等长收缩、离心收缩和等动收缩这四种基本类型。等张收缩又称为向心收缩，是运动员肌肉最常见的一种收缩方式。所有的起跳跳起和持拍挥臂的动作几乎都是此种收缩的结果。等张收缩的特点是肌肉等张收缩导致物体产生位移所需的张力并不相同，是随关节角度的变化而发生变化。其中肌力最弱一点的关节度，肌肉需要做最大收缩。因此，等张力量的训练并不都能促使关节活动的各个角度的肌肉得到充分训练。等长收缩亦称静力收缩等长收缩的特点是肌肉产生张力时，施力的肌肉长度不变。如体操吊环中的十字悬垂动作、武术套路中的马步蹲动作等，都是较为典型的肌肉等长收缩动作。这两种肌肉收缩类型是竞技运动最为常见的收缩类型。

离心收缩是一种与等张收缩相反的收缩形式，故称离心收缩。离心收缩的特点是肌肉以离心方式收缩时，肌肉产生张力并被拉张。离心收缩分为主动离心收缩和被动离心收缩两种形式。起跳后的落地动作通常属于主动离心收缩，目的是为了落地缓冲。助跑起跳的踏地瞬间的动作通常属于被动离心收缩，目的是为了提高反弹性爆发力。等动收缩是指在全活动关节范围内，肌肉处于最大收缩或收缩速度大致相等的收缩。等动收缩与等张收缩都是向心收缩，但二者并不相同，它们的主要区别为：等动收缩的各个关节角度的张力始终最大或者恒定，并动作速度保持不变；等张收缩的各个关节角度的张力一直处于变化中，其动作速度也发生变化。显然，采取类似等动收缩方式训练有助于提高小肌肉群和弱肌肉群力量。

（三）快、慢缩运动单位

运动单位可分为快肌收缩和慢肌收缩运动单位，又称快缩单位和慢缩单位。两种运动单位具有完全不同的功能特性，并对竞技运动有其各自的重要意义。快肌收缩和慢肌收缩运动单位的各自特点是：快缩单位的无氧代谢能力要比慢缩单位的无氧代谢能力大得多。尽管快、慢缩单位都含有使 ATP-CP 代谢系统发生作用的酶，但是前者中酶的作用约为后者中酶的作用的 3 倍；同样，两种运动单位中都含有糖解化酶，快肌运动单位中此酶的作用要比慢肌运动单位高两倍以上。因此，从生物学角度看，快缩单位最适宜的运动是游泳、速滑、短距的径赛、田赛和球类运动等，而慢缩单位的有氧代谢能力比快缩单位远远要大，因此，机体慢缩单位含量较多的人最适宜的运动是划船、径赛长距离项目、中长距离的游泳等。

快肌纤维产生最大张力所需时间约为慢肌纤维的 1/3。造成如此差异的主要原因是：快缩单位具有较大的无氧代谢能力；快缩单位中运动神经元的神经纤维直径较粗，神经冲动的传导速度较快。因此，人体肌肉中快肌纤维的比例愈高，肌肉的收缩速度则愈快，速度方面的运动能力则愈明显。快肌收缩单位的收缩力量要比慢肌收缩单位大得多。造成两者之间这种差异的主要原因是：快肌纤维比慢肌纤维的直径粗；快缩单位所含的肌纤维数目要比慢缩单位的肌纤维数目多。故而，人体肌肉中快肌纤维的比例愈高，其收缩力量愈大，人体最大力量方面所表现出来的运动能力则愈明显。相对来说，由于慢缩单位的有氧代谢能力远比快缩单位大得多，故而能够表现较高的力量耐力的运动能力。

与慢肌纤维相比，快肌纤维更易疲劳，这是因为快肌纤维的有氧代谢能力较差，但其糖代谢的要求却较高。人体最快速度运动几秒后的持续活动，需要依赖无氧状态下的糖分解释能供其继续做功。这样，体内势必产生大量乳酸并逐渐聚集，从而限制快肌纤维工作，进而导致快肌纤维先于慢肌纤维产生疲劳。慢肌疲劳的发生多在长时间耐力训练或运动之后。它的发生并非由于乳酸堆积所致，主要原因是：血糖的极度降低、肝糖的耗尽、体内的大量失水、身体电解质的丧失、体温的升高。人体在经过负荷强度较大的运动后，都会产生酸痛的感觉，这其中主要的因素是由于肌纤维微细组织受到拉伤、局部的肌肉痉挛使血液供应减少等。因此，务必充分做好准备活动阶段的拉伸练习。

（四）中枢神经控制机制

人体运动除了由运动神经元冲动的传导而产生外，还受全身感觉器官传来冲动的影响和制约，更受高级神经中枢的控制，其中肌肉感觉器官的诱导作用十分明显。人体中最为重要的两种肌肉感觉器为肌梭和高基腱器，二者合一被称为肌肉感觉器官。正是由于肌肉感觉器官的存在，中枢神经系统才有可能实现对运动活动的控制。机体的随意运动只有在神经系统对骨骼肌的支配保持完整的条件下才能发生，而且必须受大脑皮质的控制。大脑皮质控制躯体运动的部位称为皮质运动区。在脑的大脑皮质上有两个含有特殊化神经元的区域，即第一区域和第二区域，它们受刺激时能引起各种运动活动，每一区域都可以引起特定的活动模式。两区共同控制着人体的行为。

通常，第一区域（主要运动区）又称"技能学习区"。人体运动的各部分动作模式都以不同的方式内存于这一区域中各自的小区，并有机链接。这种链接可使人体活动或运动达到微细化的协调程度。第二区域（主要运动前区）又称"运动技能储存区"。中枢神经系统的另一类运动神经元位于此区。由于此区运动神经元与小脑连接，而小脑又负责人体肌群活动的协调性，因此，它对形成自动化的活动技能尤为重要。大脑皮质运动区对躯体运动的调节，是通过锥体系和锥体外系下传而实现的。可见，肌肉感觉器官将其所获悉的外在信息随时传递到大脑中枢神经的运动区域，大脑中枢神经运动区域通过锥体外系和锥体系传出神经冲动，使人体做出各种复杂且又协调的运动和动作行为。

运动技能的形成原理是神经传导连接机制。由于其原理复杂，这里不做详细说明，现举例说明运动技能形成的神经通路。例如：初学网球的正手击球，此动作学习过程由大脑皮质运动皮质中"技能学习区"负责，从"技能学习区"发出的反应冲动经锥体到达位于脊髓中的低级运动神经元，然后传达到所做动作的各个运动单位；而后又从肌肉感觉器官（肌梭、高基腱梭）使大脑获得感觉信息，并经过大脑、小脑共同协调动作。一旦学会这一击球动作，此种活动模式就变得较少需要意识的控制而化为一种模式储存在运动前区，即"运动技能储存区"。运动技能只有储存于"运动技能储存区"里，才可称为"自动化的技能"。这对于形成多种技能并使之自动化尤为重要。

三、运动适应与运动应激

（一）运动适应生理机制

适应是生物适合环境条件生长的特性与性状的现象。适应是指当环境发生变化时，为避免环境的改变所引起的损伤，机体细胞、组织或器官发生的代谢、功能和结构的相应改变过程。适应是生物活动的基本规律之一。运动适应是指运动员通过长期不间断训练，机体各项竞技能力不断发生与创造优异运动成绩相匹配的生物适应过程。显然，适应或运动适应是运动训练的重要生理基础。从根本上说，运动训练过程就是生物改造的过程，运动适应产生的类型和特征主要取决于两大要素，即训练负荷的刺激和恢复过程的效果。运动适应直接目的是通过各种科学有效的训练，提高或降低各个组织、系统、细胞、器官对刺激的感应值，并且增强机体代偿机能。

运动适应表现形态主要体现在体能、技能和心智能力3个方面。换言之，经过长期系统的训练，体能方面表现的运动适应是：当承受负荷强度较大的训练和比赛时，机体通常表现为能量代谢、肌肉收缩、神经支配等机能"节省化"。形态结构往往呈现心肌增厚或心腔增大、细胞活性物质增多、骨骼密度增强等系列生物适应变化，各个运动素质普遍增强。技能方面表现的运动适应是：技术动作合理规范，动作流畅节奏明快，技术应用得心应手，战术预判合理准确，战术配合娴熟巧妙。心智方面表现的运动适应是，情绪能自我调节和控制，情感细腻敏锐，意志坚强，对比赛的关心能力强，比赛思维能力好，善于解读比赛进程。

当然，体能和技能、心智能力的运动适应还有很多具体表现及其现象。

运动适应源于运动负荷（训练负荷）的刺激和恢复过程的效果。负荷是指载体所承受的刺激或压力。运动负荷是以身体练习为基本手段对运动员有机体施加刺激，也就是人体在运动训练中所能完成的生理机能反应和心理状态反应的量或范围。训练负荷是指训练活动加之于人体生理上和心理上的负荷。因此，没有负荷就没有训练。反之亦然。训练过程的任何形式的负荷均含有量和强度。量反映负荷刺激的大小，指标有次数、时间、距离、重量等；强度是指负荷的刺激程度，指标有速度、远度、高度、负重量、难度等。一般来说，具有一定负荷的练习都有一定的强度；反之，有一定强度的练习都含一定的量。通常，负荷强度与负荷量的组合关系成反比，其强度大时相对的量就小，而强度小时量则大。

（二）运动适应主要特性

运动适应的主要特性集中表现为普遍性、特殊性、异时性、连续性等方面。运动适应的普遍性通常是指机体的机能、形态、素质、战术、技术、智力和心理等方面都可发生运动适应的现象。运动训练中任何训练手段的负荷刺激，均可使得各种器官系统和竞技能力产生变化，这就是运动适应普遍性的作用。运动适应的特殊性是指不同性质的运动负荷或练习，可引起特殊的适应性变化。例如力量负荷和耐力负荷训练产生的运动适应是截然不同的。不同性质的运动负荷引起机体能源物质的消耗以及其后的超量恢复程度也有所不同，例如速度性负荷和耐力性负荷肌肉能源物质消耗不同。运动技术和运动战术所引起的适应过程，更具有其特殊性；不同专项技术特征决定了运动适应的特殊性特征。

运动适应的异时性是指机体各器官系统对训练负荷的刺激存在着不同的适应时间。通常，机能的变化都会早于结构的适应性变化；肌肉、神经、腺体的理化状况发生变化最早；中枢神经系统比其他系统发生运动适应更早；运动器官比内脏器官较易较早发生适应。运动素质的适应往往早于技术运动适应。运动适应的连续性是指机体运动适应的产生和发展是一个连续的过程，因此，机体的全面适应必须以渐进积累的方式形成。若运动训练存在间断，那么运动适应会减退消失，甚至于对机体全面运动适应的形成产生消极影响。负荷和适应的关系是，通过不断的训练过程，逐步产生新的适应，从而促使竞技能力不断提高，最后形成最佳的竞技状态。因此，需要辩证地提高负荷，使机体不断产生新的运动适应。

不断产生新的运动适应，是通过施加具有不同运动负荷性质的不同训练方法及其训练手段完成的。这些方法应用的目的就是打破机体内环境的相对平衡，使之发生向较高机能水平的转化，并能在适应运动负荷的基础上重新获得新的相对平衡。运动适应新的相对平衡的表现，就是竞技能力的提高、最佳竞技状态的形成、运动损伤的防备等。运动适应新的相对平衡与辩证处理负荷和恢复的关系密切相关。负荷和恢复的辩证统一是产生新的运动适应的重要条件。负荷导致机能暂时下降或出现疲劳，负荷后的科学恢复可以促使机体超量恢复。可见，机体在运动负荷后所经历的适应恢复手段与恢复时间，可以在其产生超量恢复的基础上产生新的运动适应。因此，必须深刻地认识和掌握负荷与恢复的辩证关系。

（三）运动应激生理机制

应激是指机体在受到一定强度的应激源（躯体或心理刺激）作用时所出现的全身性非特异性适应反应。适度应激有利于机体在变化的环境中维持身心稳态，提高机体应对不利环境的能力。但是，过度应激则会发生机能、行为和心理不良反应，如血压升高、肌肉紧张、脉搏和呼吸加快、手心出汗、手足发冷、萎靡不振、紧张性头疼、胃痛、低热、食欲不振、尿频、休息欠佳、难入睡或易醒等机能问题；或工作能力下降、失误增加、判断能力下降、健忘、思维突然停顿、关注力下降、走神、缺乏创造性、缺乏朝气、兴趣减退的行为问题；或产生恐惧焦虑、急躁不安、紧张、冲动、自责、抑郁、自残、多疑等心理问题。认识应激原理和不良的应激现象的目的就是掌握运动应激机制。

根据应激源的性质，可将应激分为生理应激和心理应激。生理应激的应激源受理化和生物因素影响；心理应激的应激源受心理和社会因素影响。生理应激的主要反应特点是交感–肾上腺髓质系统和下丘脑–垂体–肾上腺皮质系统的强烈兴奋。此外，还可出现其他多种神经内分泌的变化，它们是应激时代谢和器官功能变化的基础。并且还会出现一些非特异性免疫反应，如血糖升高、体温升高、补体增高、外周血巨噬细胞数目增多和活性增强等。适度的心理应激可引起积极的心理反应，这是心理应激主要反应特征，它能集中个体的注意力，提高警觉度和判断能力与应对能力。显然，适度的应激与过度的应激（低度成激）特点、现象完全不同。生理应激和心理应激既有各自特点，又有密切关联。

运动应激是指在训练前，尤其是在参加重大赛事之前或过程中，由于社会、生理和心理因素刺激作用而引起的紧张反应状态。人体产生生理应激反应时，糖皮质激素、儿茶酚胺、生长激素、抗利尿激素、胰岛素、胰高血糖素、雄性激素都会发生一系列的变化，从而促进血管对儿茶酚胺的敏感性的提高，促进胰高血糖素、甲状腺素、降钙素、肾素、EPO 分泌，促进或抑制糖原、脂肪分解，蛋白质合成等，促进肾小管收缩、泌尿减少等。由于应激的生理机制与交感–肾上腺髓质系统和下丘脑–垂体–肾上腺皮质系统密切相关，因此，运动应激的强度和深度与社会和心理因素关系更大。社会压力或心理刺激直接影响神经内分泌系统，影响着运动应激反应程度。

（四）运动应激基本特征

比赛中，运动员在不同阶段可表现出不同的运动应激反应，据此可将运动应激基本分为警觉阶段的应激、抗阻阶段的应激、衰竭阶段的应激。其中，警觉阶段的应激表现是：参赛精力旺盛，专项体力充沛，技术感知灵敏，求战欲望强烈，神经系统兴奋。抗阻阶段的应激表现是：

持续保持比赛关注能力，各种竞技能力高度协调，比赛斗志坚韧不拔，取胜信念坚定不移，关键环节感知清晰等。衰竭阶段的应激表现是：已知败象无法逆转，运动能力大幅下降，身心疲惫感觉骤增，技术、战术频频失误。影响各个阶段的因素可分主观因素和客观因素两大类：主观因素主要是队内和谐程度、训练水平、疲劳状态、队员伤病、自控力和竞技状态等因素。客观因素主要是比赛的气候、地点、交通、设备、器材、场馆和对手及裁判等因素。

适宜的运动应激可以表现出多方面的特点。其中，物质代谢系统表现为：糖代谢表现为糖原分解及糖异生增强，出现应激性高血糖和应激性糖尿；脂肪代谢表现为脂肪分解增强，脂肪氧化成为主要能源；蛋白质表现为分解代谢增强，可出现负氮平衡。代谢变化的总体趋势是分解增强、合成减少、代谢率升高。内分泌的系统表现为：肾上腺素适度增加，可引起心理专注程度升高。当然，应激过度则会引起焦虑、害怕、胆怯与愤怒；应激不足则会引起抑郁、厌食和自残现象等。由此可见，运动应激具有明显的双重性特征，应激过度和应激不足都会对比赛和运动训练产生消极影响。多年的运动训练使机体已产生了运动适应，所以对于能够形成适宜的运动应激来说，一个良好的抵御外界不良因素和心理因素的能力至关重要。

为了能够产生适宜的运动应激，通常采用4步程序模式方法，具体如下：

（1）情绪控制。要求运动员积极放松心态，避免情绪波动，保持较强信心。只有这样，运动员才能够在复杂的比赛环境中迅速而又准确地认知、决策和反应，这是这个模式最为关键的地方。

（2）信息过滤。要求运动员剔除无益信息或封闭无益信息渠道，保留可用信息，让运动员尽量卸掉心理负荷，不受不良信息干扰。

（3）认知反应。要求运动员认真分析比赛对手的强弱之处，提出扬长避短的具体对策和措施，力争做到知己知彼。赛前3步程序旨在帮助运动员排除不良干扰、明确参赛目标和制定参赛对策，从而产生强烈取胜的适宜运动应激。

（4）行为应答。基于前三步程序，通过具体行动验证合理的对策，增强或强化比赛中的适宜运动应激。

第二节 体育运动训练的心理学基础

一、体育运动的心理效应

（一）体育运动与情绪

所谓情绪，主要是指人对事物的态度的一种体验，同时也是人的需要是否得到满足的一种反映。一般情况下，体育运动影响心理健康的最主要指标为情绪状态。部分实验研究证明，不管是长期性的体育运动，还是短期的一次性的体育活动，都会对人的情绪产生较为积极的影响。

人们早已注意到，身体锻炼能够产生良好的情绪体验。一项对 123 名学生的调查发现，体育运动是"流畅体验"的主要来源。观察也表明，在许多体育运动活动中，会出现一种类似"跑步者高潮"那样的"体育运动快感"，当它出现时，往往会使运动者感觉到自身与情境融为一体，身体轻松，忘却自我，充满活力，超越时空障碍。也有研究证实，心理自我良好感与体育运动活动呈正相关的关系。在自我感受和评价方面，积极参加运动的人比不参与运动的人更积极，其中女子比男子的相关程度更高。日常生活中，中学生们可通过参加体育活动和进行体育锻炼来调节和改善自我情绪。

（二）体育运动与意志品质

意志品质是在克服困难的过程中培养和表现出来的，是一个人的果断性、内制力、坚韧性以及勇敢顽强和主动独立等精神。

"明确目的"和"克服困难"是培养意志品质极其必要的条件，而健身锻炼活动则同时具备上述两个条件。人们在健身锻炼活动中，要不断克服气候条件的变化，动作的难度或意外的障碍等客观困难及胆怯和畏惧心理，疲劳或运动损伤等主观困难，这就需要足够的意志力量。只有不断地克服这些困难，才能逐步养成身体锻炼的习惯。对于青少年来说，健身锻炼是对其进行意志品质教育的一种重要而有效的手段。同时，参加体育运动就必然会产生竞争，意味着要达到某种锻炼标准和某级运动水平，在此期间，运动员就必然会产生坚定意志和强烈的情绪体验。

（三）体育运动与兴趣

人们对体育运动的兴趣是产生参加体育运动动机的重要的主观原因，是对身体锻炼所形成的一种个性意识倾向。

人们对于一项体育活动的兴趣的产生与他们对体育运动的目的的认识有关，除此之外，体育活动的外部特征也在其中发挥影响作用。对于青少年和儿童来说，活动本身的趣味性是引起兴趣的直接因素，而兴趣又是他们保持健身锻炼热情的促进因素；老年人对体育运动活动的兴趣，则更多地建立在对活动目的的本质认识上。

国内外的心理调查表明，大中小学生对趣味性、娱乐性、竞争性和对抗性较强的体育活动具有较高的倾向性。培养兴趣的因素同样适用于成年人、老年人的健身锻炼，对他们的兴趣培养不能忽视。兴趣是形成习惯的一个主要的内在因素，而良好生活方式的确立则需要靠习惯来维持。

个人良好的体育运动习惯的形成，产生的影响力是深远的，可使人终身受益。只有从小开始培养体育运动习惯，才能够实现终身体育锻炼。体育运动的习惯可以形成稳固的条件反射，促使机体的内分泌腺准时地参与活动，使人产生参加体育运动的生理要求。

二、体育运动对人格的影响

(一) 体育运动对人生观和价值观的影响

所谓人生观和价值观就是人们看待、了解自然社会和社会现象的基本观点，是个体行为调节与控制的参照系。

在各种体育活动或体育比赛过程中，运动员要辩证思考、公正观察，分析问题并遵从事物的客观规律，运用自己的智慧、技巧找出解决问题的方法，凭借自己的实力和人格理念、体育精神战胜比赛中遇到的困难，取得最好的成绩。因此，体育运动不仅对于人们的世界观、人生观、价值观的树立有着良好的引导作用，还可以激发他们的学习兴趣，帮助他们端正人生的航向，去追求心中的目标与理想。

(二) 体育运动对个性发展的影响

运动员在不同类型的体育活动中都必须学会尊重别人，也要尊重自己，建立正确的道德观，养成良好的个人行为和道德风尚。

体育活动在培养人们自尊、自爱、自强不息、积极参与的过程中，要遵循青少年身心发展的客观规律，充分发挥每个人的体育特长，重视青少年的主动参与，挖掘个体潜能，发展个性品质，强调民主合作，从而促进青少年个性的最优发展。

(三) 体育活动对意志力培养的影响

体育活动具有育人的作用，它通过培养人们情感、意志、毅力、信念实现这一目标。

在参加体育活动的过程中，通过动作技术的正确与规范，培养了人们的学习兴趣，激发了其活动的欲望，并且在此过程中，培养了人们坚定不移、不怕苦、不怕难的意志品质与顽强精神。这就要求运动者身体力行，全身心投入到锻炼中去。在疲劳时要咬紧牙关，坚持到底；在遇到困难时坚韧不拔，持之以恒；在失败时不气馁，顽强拼搏；在胜利时不骄傲自满，冷静对待，从而获得健全的道德力量。

（四）体育运动对凝聚力的培养与对正确行为习惯养成的影响

体育运动是在严格的规则约束下进行的健康文明活动。人们由于共同的价值取向和群体意识，为了集体利益、集体荣誉而紧密团结凝聚在一起，如足球、篮球等项目活动。

体育运动的规则和行为规范严格谨慎，人们在参加体育运动时必须要自觉遵守纪律和规则，尊重事实，明辨是非。支持对的、好的，批评和摒弃错的、坏的。

通过体育活动约束人们的思想和行为，加强了人的组织性和纪律性。比如在体育活动中，人们都须遵守体育活动相关方面的规定与准则，这就潜移默化地培养了人们自觉遵守社会制度的习惯，进而帮助了是非分明的人格精神的养成。

三、体育运动对社会适应能力的影响

（一）体育活动有利于增进交流

在日常生活中，体育交流是一种重要的交往手段，也是人们参与社会的一种最简单有效的活动方式。在体育活动中，人们不仅可以锻炼身心，而且还可以发展人际关系。由于体育参与比较简单易行，又具有经常性，因此参与体育运动常被视作一种衡量社会参与程度的标志。

首先，在体育运动的参与过程中，所有人通过体育竞技的公平手段来获胜，大家在体育运动中处于相对平等的地位。体育文化的本质在于不管是在游戏还是竞赛当中，都要做到尊重自己、尊重他人。在这样一种条件和氛围下，人们能够抛却隔阂，敞开心扉，用真诚的心去相互交流与沟通。

其次，体育运动向人们灌输着乐观主义的精神，鼓励人们要有拼搏精神，要有责任感，要有一种渴望提高和成功获胜的愿望，是一项充满活力的文化活动。通过体育活动的参与，用自己的努力感染别人，赢得别人的尊重，同时也改变自身的精神状态。

最后，体育运动都有着明确的规则和严格的比赛制度，这种体育运动的特质在每一项运动训练和比赛活动中都有所表现，成为每一位参与者所必须信守的原则，它完善了人们的言行和人格，有利于形成友好相处和互尊互爱的人际关系。

（二）体育活动有助于人际关系的提高

一个人生活品质的好坏，沟通能力以及与他人关系的状况是最主要的影响因素。

个人事业的成功、生活的丰富离不开与别人稳定情感关系的建立和维持。影响人际关系改善的主要因素有沟通能力、对身体语言的理解和使用能力、自我意识水平和移情能力等。体育运动对人际关系的改善具有直接作用。

体育运动及教学中，时时存在对动作技术纠正的沟通，处处存在相互练习中自我完善的沟通，同时还存在相互配合的默契沟通。这种沟通不仅具有直观性、及时性和准确性，而且也是主动性沟通、注意力集中性沟通和信息交流充分性沟通的典型体现，对提高人的沟通能力，形成良好的人际关系，会产生积极的影响。

其次，现代社会中人与人之间的交往往往表现得较为含蓄甚至是虚伪，自我意识水平在制约人际关系中的作用有针对性。在集体类体育活动中，老师或教练的评价是阶段性的，观众的评说又带有滞后性，只有每个队员随时随地进行自我意识的体会，改进动作技术、调整比赛战术，与同伴协作和配合，完成训练任务。通过体育运动所形成的自我意识行为运用到社会交往中，就可以了解自己的真实面目和别人对自己言行的真实情况的反映，提高自身的社交技能。因此，体育运动有助于我们意识水平的改善和提高，增强社交能力。

再次，体育运动能够有效帮助运动员提高对身体语言的理解力与使用能力。身体语言是生活中人际交往与沟通的重要方式之一，是人们在社交过程中必须配备的技能，而体育对提高人的身体语言表达能力具有不可忽视的重要作用和影响。即使是普通的体育运动，也有助于参与者协调性和柔韧性的提高，使参与者在练习中寻找美的身姿，使参与者在练习中体会动作外观与内涵的统一。所以，体育运动可以发展自己的身体语言，使之在社会人际交往中发挥重要作用。

（三）体育运动有助于社会需要的个性的养成

体育的重要功能之一是有助于运动员社会需要个性的培养，并胜任相应的社会角色。

个性，是指个人在其生理和心理素质的基础上，在一定社会环境条件下，通过实践锻炼和陶冶，逐步形成的观念、态度、习惯和行为。它是一个人比较稳定的心理、生理素质和社会行为特征的总和，是一个人能否适应社会或能否被社会接受的关键因素。体育活动对一个人的个性的培养和形成发挥着不可磨灭的重要影响和作用。

首先，体育活动调整人的个性形成。体育运动需要体力、智力、行为与情感的参与，同时还要求人们有较高的体能与技能。因此，人们在每次的体育运动中，都会接近和突破自己的极限。正是由于这一过程，又使得每一位运动者在锻炼过程中有许多机会发现自己个性中的优秀部分，找到自己的不足，从而决定采用何种方式发展自己的个性。

其次，体育运动规范人的行为。凡是参与体育活动的特别是参加集体项目的运动员，都在一定程度上受到了团队活动的限制和约束以及激励与督促，使他们慢慢地更适于团队和群体的需要，这其中包括技术、技能、精神等。在团队活动中，优异者将得到赞扬和激励，反之，则会受到贬斥和忽视。

再次，体育运动有助于增强人们的情感体验。体育运动丰富了人们的情感要素，激励参与者以高度的责任感，达到与同伴合作的目的；以执着的追求，竭尽体力、技术与全部能力，去实现自己奋斗的目标；以约定俗成的道德规范着人们的行为；以复杂而快速的转移感，让人们领略成功的欢欣和失败的痛苦。体育运动给人们带来了丰富多彩的精神和情感体验，满足了现代生活中人们多方面的情感需求。

最后，体育运动还有助于人们积极向上个性的形成。运动者在自我意识的调整下，所表现出的主动、积极、自觉的锻炼需求是体育活动对参与者个性形成所起的作用。这必须依靠日复一日、年复一年重复的努力，持久的练习，在艰苦磨炼中，提高自己运动的技能水平与战术水平。这种拼搏、顽强、进取的精神，对个性的形成与发展具有重要的意义。

（四）体育活动有助于协作意识的形成

协作就是凝聚众人之力，发挥集体的力量相互配合、齐心协力。协作意识是体育意识的基本内容之一，是体育比赛的精髓所在。协作意识的形成必须通过参与练习、比赛等活动，不断地磨炼，才能在潜移默化中，逐步培养与增强，并使协作意识"生活化"，进而使之融入学习和工作中，并逐渐改善运动者的社会适应性。

有些体育运动带有鲜明的集体性特征，它是培养运动员协作意识和群体精神的优佳土壤，而集体中运动员是否具有强烈的协作意识与群体精神又直接影响到集体的形成与保持。现代社会协作日益紧密，因此，协作意识的高低、协作能力的强弱是影响个体事业能否成功的重要因素。如接力项目都是在同伴的配合下进行的，只靠个人技术、个人的拼搏显然是不够的，必须遵循有序性、有机关联性等规律。通过全体队员之间的默契合作、齐心协力，并运用周密娴熟的竞技战术，才能使这个集体协作运转，获得整体效益，达到比赛所期望的目标。

（五）体育活动有助于竞争意识与竞争手段的提高

在社会竞争日益激烈的今天，为了更好地生存和发展，人们就必须培养起自己的竞争意识，同时掌握相应的竞争手段。在这一社会背景下，体育运动正好成为培养人们竞争意识与竞争手段的一种活动。

首先，在体育比赛中，所有运动员都要经过严格的训练，不断提高自己的身体技能、心理素质和战术意识，并具备把握机遇的能力，才能取得比赛的胜利。没有任何人可以不劳而获。每一位运动员优胜的结果都来自强大的实力与刻苦训练，艰苦的努力是获得比赛胜利的唯一的正确途径。

其次，无论是比赛或是游戏，体育都是讲规则的，它们都是在一定的规则与制度的约束下进行，它不承认除心理及个人身体以外的任何不平等性。从这个意义上讲，体育竞赛教育每一位运动员必须养成公平竞争的意识，并以公平的竞争方式应对人生中一次又一次的挑战。

再次，体育竞赛有助于增强个体对挫折的承受能力。挫折，即个体的行为遇到障碍或干扰，致使自己的动机和目的无法实现时产生的情绪。

在体育运动中，小到游戏，大到奥运会，体育竞赛无不以强健体魄、增进心理健康和追逐胜利为目标。经历过一次次的失败后取得最后的胜利，这是体育竞争的内在规律，而成功是暂时的、相对的，失败和挫折是经常的、普遍的。因此，积极主动地投入到体育运动中去，有利于培养人们直面失败与挫折的勇气与能力。

（六）体育活动有助于增强人们胜任社会角色的能力

在社会结构中，需要有各负其责的多种特定权利、义务和行为规范的人员组成。每一个社会角色，都代表着有关的行为期望与规范。体育运动能够为人们提供和创造一个适宜学习社会角色的平台与条件，让他们享有尝试社会角色的机会。

体育活动中不同的个体由于不同的地位，形成了各自不同的角色。每个角色都有权利获胜、因获胜而受嘉奖和按照规则进行技术动作行为，也有遵守体育规范、道德规范和技术规范的义务。群体内的每一种角色或每一个位置，又都是相互关联的。

群体目标实现的前提是每个成员的能力被群体成员接受，这也检验和督促了每个角色能力的提高，使得每个成员在群体的关联中获得信赖，并由此决定每个角色的地位。通过体验角色的学习，可以使练习者懂得社会角色是与人们的某种社会地位、身份相一致的一整套权利、义务的规范与行为模式，也可使练习者了解到，经过个人的不懈努力是能够成功扮演各种社会角色的，从而帮助人们认识到个人主观努力的重要性，明白个人努力是改变社会地位的重要途径。

总而言之，一个人不断社会化的过程就是社会适应的过程。生物意义上讲，人作为具有社会属性的人，在与他人的交往和互动中逐渐形成自我概念，要适应社会的变化，不断协调人际关系；面对各种冲突，要学会妥协和顺应、合作与竞争；要学习和体验社会角色，学会承受各种挫折；要学习各种规则和价值观。这种学习和不断调适的过程就是个体适应社会，不断提高自身社会适应能力的过程。

体育活动本身所具有的竞争与协同、胜利与失败、求胜欲望与规则限制、强烈的情绪体验与复杂的互动关系等种种特殊性及矛盾特征，使得体育活动在促进个体社会化、提高社会适应能力方面具有不可替代的特殊功能和作用。

第三节 体育运动训练的营养学基础

机体从外界不断地摄取食物，经过消化和吸收以及代谢，利用食物中有益于身体的物质作为构建机体组织器官、满足生理功能和体力活动需要的过程，研究人体以及其他生物的营养问题的学问被称为营养学。

体育运动训练的营养学，是为了充分挖掘运动员的运动潜能而采用的训练手段之外的，用于增强运动员自身能量、达到能量的控制以及提高能量利用率的一种程序，通常是指食品中所含的营养和热能能够满足人体需要的程度。它是一门有现实性、针对性和科学性地促进合理营养，平衡营养素与机体健康，改善健康状况，促进身体发育，提高运动员身体机能素质的学科。

一、体育运动与糖

（一）糖类的生理功能

1. 供给热能

供给热能是糖类在人体内最重要的生理功能。糖是机体最主要的供能物质。它在人体内消化后，主要以葡萄糖的形式被吸收，葡萄糖能迅速氧化给机体供能，即使在缺氧的情况下，也能通过酵解作用为机体供能，脑组织和红细胞也要靠血液中葡萄糖供给能量。因此，糖类对于增强耐力、提高工作效率、维持心脏与神经系统的正常功能有着极其重要的意义。

2. 构成机体成分和参与细胞的多种活动

由糖参与构成的糖蛋白、粘蛋白、糖脂和核酸等参与构成细胞核、细胞膜、细胞间质和结缔组织、神经鞘等，某些糖类还是构成一些具有重要生理功能的物质如抗体、血型物质和激素的组成成分。

3. 抗生酮作用

三羟酸循环是糖、脂肪、糖白质分解代谢中彻底氧化释放能量的一个共同途径。若缺乏糖，脂肪分解不能经三羟酸循环而完全氧化，形成丙酮，达到一定浓度会发生酮病，引起酸中毒。体内糖代谢正常进行，将会减少酮体的生成。

4. 保肝解毒作用

当肝糖原储备较充足时，肝脏对某些化学毒物有较强的解毒能力，对各种细菌素的抵抗力增强。摄入足够的糖，能够使肝脏中肝糖原丰富，并且在一定程度上保证肝脏免受一些有害因素的损伤，又可保持其正常解毒功能。

5. 节省蛋白质

当蛋白质与糖在一起被摄入时，氮在体内的贮量比单独摄入蛋白质时要多。主要因为糖的氧化增加了 ATP 的形成，有利于氨基酸的活化以及蛋白质合成，当热量不足时，增加糖的供给量，可使氨基酸在血中的含量降低，且对其他组织的供应和尿素氮的排出减少，保留的氮重新被利用。这种糖节省蛋白质的特异作用称为糖对蛋白质的保护作用。

(二) 体育运动中糖的补充

糖是一种碳水化合物，是多羟基醛或多羟基酮及其衍生物。糖类分为三种类型，即单糖、双糖和多糖。单糖味甜，易被人体吸收；双糖经过消化酶作用，分解为单糖；多糖味不甜，经过淀粉酶催化分解为葡萄糖。糖类来源于干豆类、谷物、硬果、根茎类，如面粉、大米、小米、红薯、土豆、黄豆、栗子等。

糖在人体中的三大形式：肌糖原、肝糖原和血糖，其在人体内的贮量分别为 400 克、100 克、5 克左右。糖在人体内总贮量为 500 克左右，训练水平较高的运动员肌糖原贮量可高达 600 ~ 800 克左右。肌糖原贮量愈高，运动员运动至疲劳的时间愈长，冲刺能力愈强，运动水平愈高。

由于在长时间耐力运动和比赛中体内要消耗大量肌糖原和肝糖原，在运动前和运动后补充适量的糖是有好处的，可以防止运动性低血糖，使血糖维持在较高水平上，推迟疲劳的产生，保持良好的耐力和最后冲刺的能力。

接下来，我们从糖类补充数量、补糖时间两方面来对体育运动中糖的补充进行进一步的讨论，具体如下：

（1）糖类补充数量。在运动过程中，胃吸收葡萄糖的能力有限，每小时大约 50 克，大量的葡萄糖滞留于胃中，它们所具有的吸水作用影响到了胃的排空，易导致胃疼，从而影响到运动的状态。

（2）补糖的时间。服糖后 15～30 分钟内，血糖达到最高峰。为了避免服糖后的胰岛素反应，不宜在比赛前 30～90 分钟内吃糖，以免造成血糖下降，应在比赛前 15 分钟或比赛前 2 小时吃，这时血糖升高，补糖效果最佳。葡萄糖在运动开始前即已完成了肝糖原的合成过程，并分解释放进入血液，使血糖含量升高，有利于提高运动员的运动能力。

二、体育运动与脂类

（一）脂类的生理功能

1. 组成人体组织细胞

脂类包括中性脂肪和类脂肪。中性脂肪是由甘油和三分子脂肪酸组成的酯。在常温状态下，脂肪会有固态和液态的区别，动物脂肪是固态，而植物脂肪是液态。胆固醇脂是人体内又一类脂类化合物。胆固醇可造成心脑血管疾病，对人体健康有其危害性，但是胆固醇又有它重要的生理功能。脂肪是组成人体组织细胞的重要组成成分，特别是磷脂和固醇等。

2. 是一种富含热能的营养

一般膳食中所包含的总热量约有 17%～30% 来自脂肪。由于脂肪富含热量，所以是一种比较浓缩的食物，可缩小食物的体积，减轻胃肠负担。脂肪在胃中停留时间较长，因此富含脂肪的食物具有较高的饱腹感。

3. 保护重要器官

在心脏和肾脏周围有一层脂肪垫沉积，起到对这些脏器的维系和稳尚作用，使这些重要的脏器免遭振荡和损伤。

4. 为人体提供必需的脂肪酸

脂肪酸是细胞的组成成分，对细胞膜和线粒结构的维持具有重要意义，对胆固醇的代谢和运输、对毛细血管壁的完整性有重要作用；还有促进发育、保护皮肤和降低胆固醇等生理作用。人体若是缺乏必需的脂肪将引起皮肤病、代谢紊乱、生育异常，严重时会危及生命。

（二）运动与脂肪代谢

运动可以改善体内的脂肪代谢，降低血脂含量，是减轻体重和减少体脂的有效措施。运动还可增加血液中高密度脂蛋白的含量，高密度脂蛋白能加速血中胆固醇的运输与排出，对于防止动脉硬化起着重要作用。长时间运动可使血浆中甘油三酯和胆固醇下降。

运动时机体的能量消耗增加，骨骼肌、心肌摄取游离脂肪酸增多，从而进入肝脏的脂肪酸减少，使体内甘油三酯合成降低。摄取高脂肪与全身耐力有关，运动员摄取高脂肪饮食后，90 分钟的运动就会感觉疲劳，而在摄取高糖饮食之后，运动时间却可持续长达 240 分钟，约为摄取高脂饮食后的 3 倍。

（三）体育运动中的脂肪补充

对能量消耗大，机体散热较多和长时间运动项目，应适当增加脂肪供给量的比例。运动员膳食中，脂肪的供给量一般应占总热量的30%左右，脂肪的摄取量按每千克体重15克为宜。应多用植物性脂肪和磷脂，动物性脂肪不宜超过总热量的10%。

三、体育运动与蛋白质

（一）蛋白质的生理功能

1. 运输功能

生物体不少物质的转运需要载体，这些载体大多是蛋白质。

2. 催化功能

生物体内的反应基本上都是在酶的催化下进行，而目前所知的1000余酶中其化学本质都为蛋白质。由于酶的存在，使许多在一般化学条件下难以发生的反应在生物体内却很容易进行。酶的合成是由基因所控制，酶又催化各种不同的反应，因此基因对生物体代谢类型的控制是通过酶的催化功能来实现的。

3. 运动功能

肌肉的主要成分是蛋白质，肌肉的收缩就是通过肌动蛋白和肌球蛋白的滑动来完成的，而肌肉的收缩和舒张对生物的运动和各器官的活动密切相关。

4. 防御和保护功能

生物体内存在一种具有防御异体侵入功能的蛋白质，它能够识别外源物质并与之结合，从而使之失去活性，可以有效防御疾病的发生。

5. 激素功能

蛋白质、多肽激素是动物体内一类重要的激素，它们对动物体的生理活动起着调节控制作用，促进糖原分解，提高血糖浓度。

6. 传递信息功能

不少蛋白质具有接受和传递信息的功能、接受某种激素的作用，并将其信息朝一定的方向传递，以控制细胞内酶的活性或酶的数量，进而达到对生理活动的调节。接受外界刺激的受体也是蛋白质，这类蛋白质可称为感觉蛋白，它们接受刺激后，可将神经冲动传导到中枢神经使之产生反应。

（二）体育运动中蛋白质的补充

食物中蛋白质的主要作用是用来建造人体自身组织。对它的需要随性别、年龄、身体状况、不同运动项目、运动量的不同而异。大运动量训练时，消耗的蛋白质增加，就应供给较多的蛋白质。有学者研究表明，长时间中等强度运动每日蛋白质需要量为 2.5 ～ 3 克/千克；速度和力量项目的运动员每日蛋白质需要量为 2.4 ～ 2.5 克/千克。

在膳食安排中，蛋白质的质量也要十分注意，应尽可能地供给优质蛋白质。其中大豆是最为理想的选择，它所含的氨基酸含量丰富，价格便宜且质量好，是优质蛋白质的主要来源。

四、体育运动与其他营养素

（一）水

水是生命之源，是人体赖以维持基本生命活动的必要物质，人对水的需要仅次于氧气。人体内的水，既不能少，也不能多，约占体重的 60% ～ 70%，是人体重要的构成成分。水能够起到运输、润滑以及调节人体酸碱平衡和调节体温的重用作用。每日保持充足的水分供应，是体内能量产生、体温调节、营养物质的代谢所不可缺少的基本条件，尤其是在高温季节和较长时间的剧烈运动时，更应注意较多的补充。

水的补充量是要与体内的水分消耗量相平衡，人体一天大概消耗的水分为 2500 毫升左右，而人体每天新陈代谢与食物中补充得来的水分只有 1000 毫升左右，正常人每天至少要喝 1500 毫升水，大约 8 杯左右。饮水和进食是补充体内的水分的主要方式。

（二）维生素

维生素是维持人体生命活动必需的一类有机物质，也是保持人体健康的重要活性物质。

维生素调节体内化学反应的有机物质，对于生长发育和维持正常生命则是必不可少的，它不是人体能量的直接来源，也不参与身体结构的组成。大多数维生素不能在体内合成，或合成的量不能满足人体需要，一定要从膳食中获得。

1. 维生素 A

动物肝脏、鱼肝油、奶油、禽蛋等是维生素 A 的主要来源。

完整的上皮组织结构依据维生素 A 维持。毛囊角化，皮肤粗糙，眼睛角膜干燥易受细菌侵袭、发生溃疡甚至穿孔，造成失明，暗处的适应能力下降，在光线较为微弱昏暗的地方视力模糊，易患夜盲症等，这些都是由于缺乏维生素 A 造成。

2. 维生素 B_1

由于维生素 B_1 具有辅酶，所以它可以参加机体内一些重要生化反应的作用。维生素 B_1 缺乏易出现精神淡漠，下肢乏力，有沉重感，食欲减退等症状，严重者可出现脚气病。维生素 B_1 主要来源于动物内脏（心、肝及肾）、瘦肉、豆类、粗加工的粮谷类等含物。

3. 维生素 B_2

生成能量的重要元素之一是维生素 B_2，它参与色氨酸转变为烟酸的过程，参与体内的抗氧化防御系统。口角糜烂、唇炎、舌炎等口腔症状，瘙痒、红斑型皮肤病、湿疹型皮肤病等阴囊病变症状是维生素 B_2 缺乏具体表现。调查表明，城乡居民的维生素 B_2 的平均摄入量为每日0.8毫克，其主要来源于动物肾、肝、心，蛋黄，瘦肉，乳类，豆类及绿叶蔬菜。

4. 维生素 C

维生素 C 促进体内胶原合成，维持血管正常功能，促进伤口愈合，具有抗氧化作用、防癌作用，能提高机体免疫功能，是一种强还原剂。维生素 C 缺乏易出现牙龈肿胀出血、皮下出血、伤口不易愈合，严重时在受压处会出现淤斑，皮下、肌肉、关节内可有大量出血，如不及时治疗，可因坏血病导致死亡。维生素 C 主要来源于水果与新鲜蔬菜，水果中的柑橘、枣、猕猴桃和蔬菜中的苦瓜、菜花、柿子椒等维生素 C 含量都很高。

(三) 无机盐

无机盐也称矿物质，是构成人体组织的重要成分，是构成酶的成分或激活酶的活性，参加物质代谢。在细胞内外液中与蛋白质一起调节细胞膜的通透性、控制水分、维持正常的酸碱平衡，维持神经肌肉兴奋性。

在人体组织中，除碳、氢、氧、氮等主要元素以有机化合物的形式出现以外，其余各种元素统称为无机盐。无机盐主要分为两类，一类是对调控体液的交换速率、调节体内营养物质的代谢、保持人体内环境的平衡等起着关键作用的钠、钾、钙、磷、镁、硫和各种氯化物，这也是人体需要量较大的矿物质。另一类是对保持牙齿的健康、甲状腺素的正常、血细胞的生成、骨骼的形成、人体组织的再生功能等有着重要作用，人体所需较少的微量无机盐，如锌、铁、氟、碘。

钙、铁、锌、硒、碘是人体必需的无机盐。

钙主要来源于虾皮、鸡蛋、鸭蛋、绿叶菜、奶和奶制品等食物。人体内含铁约 3 ~ 5 克，需要量为 15 毫克/日，人体内含钙总量约为 1200 克，男女需要量均为 1000 毫克/日。钙的利用率较低，不易被人体吸收。

在夏季和长期的剧烈运动中，要注重铁的补充，动物性食物易于被人体吸收，是补充铁的主要方法。血红蛋白减少，发生缺铁性贫血，表现为食欲减退、易烦易躁、面色苍白、食欲减退、头晕、乏力、眼花、免疫功能降低等症状，这是由于机体缺铁造成的。铁主要来源于肉类、鱼类和动物肝脏等，黑木耳、海带和某些蔬菜，如菠菜、韭菜也含有较多的铁元素。

人体内含锌约 1.4 ~ 2.3 克，每日需要量男性为 8 ~ 15 毫克，女性为 6 ~ 12 毫克。缺锌常表现为生长停滞、性幼稚型、食欲不振、伤口愈合不良等。一般高蛋白食物（鱼、肉、蛋等）含锌都较高，此外，一些海产品（海蛎肉、生蚝等）也是锌的良好来源。

硒具有抗氧化的作用，可以保护细胞膜，是维持人体正常生理活动的重要微量元素，有资料显示，硒具有抗癌、防衰老的作用。有人建议硒每日的摄取量为 50 ~ 200 微克。硒主要来源于海产品与肉类，动物的肝、肾，菠萝蜜子、桂圆、白果、石花菜、蘑菇、桑葚、杏、南瓜子、西瓜子等也含有较多的硒。

人体正常含碘量约为 20 ~ 50 毫克，每日需要量男性为 130 ~ 160 微克，女性为 110 ~ 120 微克。甲状腺肿大是由于人体中含碘量过高或过低导致的。青少年时期由于身体发育能力的突变，甲状腺机能加强，碘的需求量会增加。碘主要来源于海带、紫菜、海白菜、海鱼、虾、蟹、贝类等食物。

(四) 膳食纤维

食物中含有的一些不能被人体消化酶所分解的一类物质称为膳食纤

维。膳食纤维具有降低胆固醇和甘油三酯，预防心脑血管疾病；减缓葡萄糖的吸收速度，防治糖尿病；刺激肠蠕动，促进毒素排泄，预防肠癌等作用。它们不能为机体所利用和吸收，但却是对维持身体健康有着重要作用且必不可少的物质，其主要来源于豆类、谷类、果皮、蔬菜等食物。

营养学上将纤维素、半纤维素、果胶、木质素、琼脂等统称之为"膳食纤维"。食物纤维可分为非水溶性纤维和水溶性纤维两类。非水溶性膳食纤维（在食物营养成分表中称为粗纤维）包括纤维素、半纤维素、木质素。水溶性膳食纤维则包括果胶、黏质。

第四节　运动训练的教育学基础

教育一词源于拉丁文 eduate，本义为"引出"或"导出"，意思是通过一定手段，把某种本来潜在于身体和心灵内部的东西引发出来。教育在广义上是指以影响人的身心发展为直接目的的社会实践活动。因此，运动训练也是一个教育过程。教育思想有着理性、自觉、抽象、宏观和系统性的特征。教育观念有着自发、微观、感性、具体和概况性的特征。毋庸置疑，必须始终以正确的教育思想作为指导运动训练的理论基础。

一、全面教育与创新教育

（一）全面性的教育思想

全面性的教育思想主要根据竞技运动是人类一项社会活动的性质而提出的。当然，竞技运动所具有的身体的运动性、运动的极限性、对抗的激烈性、竞争的博弈性、技艺的唯美性等基本特征，也要求教练员和运动员必须具有全面性思维。由于从事竞技运动活动的主体主要是教练员和运动员，因此，针对教练员和运动员的全面性素质教育十分重要。

当前，许多优秀运动员和运动队比赛中所表现出来的素质水平值得称赞。但是，某些项目或部分运动队（员）在平时训练和比赛中暴露出来的过低的文化基础、过窄的职业教育和过强的功利主义现象应当说是触目惊心，某些现象甚至已经越过道德底线，触及法律红线，给专项运动发展带来负面影响。显然，积极强化全面性素质教育意义重大。

所谓素质，是先天遗传和后天养成的人的综合的、内在的、整体的身心品质，它是人的发展要素的总和，也是人的发展基础和基本条件。从广义上来讲，人的素质实质上主要包括思想素质、政治素质、法律素质、道德素质、科技素质、创新素质、人文素质、身体素质、心理素质。其中，思想素质、政治素质决定着人的发展方向；法律素质、道德素质制约着人的行为规范；科技素质、创新素质引导着人的发展速度；人文素质、身体素质、心理素质规定着人的基本属性。相对而言，教练员和运动员的思想素质、道德素质、人文素质、心理素质的教育，是素质教育的核心内容。素质教育就是要求在运动训练实践中，促进教练员和运动员形成良好的素质条件，从而为科学从事竞技运动训练奠定基础。

运动员是教育对象的主体。因此，素质教育的重点应该是运动员。运动员应以提高高尚的人格精神作为全面素质教育的核心，以人文教育和科学教育为两翼，注重对运动员创新意识和创新能力的培养。其中，高尚的人格精神主要是指人类社会倡导的人格品质、人格特征、生活作风、行为准则；健康的身心状况主要是指竞技运动和运动训练所需的身体素质和心理状态；系统的人文教育和科学教育主要是指能够掌握与竞技运动或与未来职业有关的科学文化知识；创新意识和创新能力的培养则是期待通过不断攀登竞技运动的高峰得以获得。显然，运动员全面素质教育是为了达成符合社会需要的素质结构，使之成为一名全面发展、人格完善、能够积极地适应于社会发展的专门人才。

我们必须高度重视运动员的思想素质和道德素质教育。良好的思想素质和道德素质教育，可以帮助运动员树立正确的人生观和价值观，防止和抵制各种腐朽的思想侵袭；可以建立和谐的社会人际关系和养成良好的伦理道德品质。我们必须高度重视运动员的人文素质和心理素质教育。适宜的人文素质和心理素质教育，可以帮助运动员形成优良的人文精神和素养，获得面对各种干扰因素的处理能力，保持稳定成熟的健康心理，形成良好的个性心理品质。我们必须高度关注运动员的文化素质和科技素质教育。系统的文化素质与科技素质能够帮助运动员掌握和了解更多的文化知识，引导运动员形成正确的思维方式与方法，增强其发现问题和解决问题的能力，了解和掌握训练的各种不同的科学方法工具。

（二）创造性的教育思想

创造性的教育思想主要根据竞技运动是人类的一项竞争活动的方式而提出的。当然，运动训练所具有的运动训练任务和内容的专门性、运动训练方法和手段的多样性、运动训练结构和过程的系统性、运动训练适应与过程的长期性、有机体承担运动负荷的极限性、运动训练实施与监评的定量性、运动训练器材与仪器的科学性、运动训练环境与氛围的适宜性8种特点，也要求教练员和运动员必须具有创造性思维。唯有如此，竞技运动才能跨越式地发展。实践证明：竞技运动各种优异运动成绩的取得和各项世界运动纪录的不断更新，实质上就是运动训练不断创新的结果。任何一位优秀运动员的成长经历和一支优秀运动队的发展历程，实际上就是竞技运动的运动训练不断创新的历程。

竞技运动中，运动员和教练员的创新精神、创新意识与创新能力有着至关重要的作用。创新是竞技运动发展的灵魂。竞技运动优势项目的保持、基础项目的发展、落后项目的奋进，无不需要以创新精神作为支柱，无不需要以创新能力作为基础。竞技运动和运动训练的创新内容主要体现在思维创新、理论创新、方法创新、技术创新和能力创新5个方面。其中，思维创新是指以新颖独创的不按常规思维的，甚至超常规或反常规的视角思考问题，提出与众不同的解决方案，从而产生新颖的有社会意义的思维成果；理论创新是对原有理论体系或框架的新突破，对原有理论和方法的新发展，对理论禁区和未知领域的新探索。只有思维创新和理论创新，才能做到方法、技术和能力方面的创新。

现代科学理论和科学技术源源不断地引入的同时，也伴随着竞技运动训练和竞赛理论、技术、手段、方法、材料、工具等方面的不断发展变化。竞技运动的科学训练理论和技术正处于既高度分化又高度综合的阶段。因此，教练员、运动员不仅需要注重学习和掌握各种相关的专业知识和专业技能，更重要的是，要善于不断开展技术创新、方法创新和理论创新的实践活动。其中，科学认识和掌握运动训练的相关科学理论知识，诸如运动训练的生理基础、工程基础等，有效掌握和应用运动训练的相关科学应用技术，诸如运动训练的数理统计、影像分析等是非常重要的。可见，创新思维的形成和培养，是一个不断地需要激励创新精神、强化创新意识、培育创新素质和提高创新本领的系统工程。

我们必须对运动员的文化学习和技能学习的教育予以高度重视。通过文化学习和技能学习，运动员可以不断夯实文化和技术基础，较好地吸收和巩固系统的理论知识；形成和建立良好的运动技能和专项技能；再现训练精华、成功经验的景况。我们必须高度注意运动员创新意识和创新精神的教育。科学的创新意识和创新精神的教育，可以帮助运动员建立完整的理论体系，能动性地激活运动员的悟性和灵感，形成超前意识的创造思维，获得独立自主训练的能力。我们必须高度关注运动员创新能力和实践能力的教育。有效的创新能力和实践能力的教育，可以帮助运动员提高专项分析和应用能力，科学地掌握专项创新途径和方法，形成和建立创新思维的知识链条，获得训练创新和比赛创新的体验。

二、民主教育与纪律教育

（一）民主性的教育思想

民主性的教育思想主要根据竞技运动是人类一项教育手段的功能而提出的。当然，运动训练的过程中，需要全面落实和贯彻积极性、自觉性、互动性和针对性的训练原则，与此同时，运动员和教练员也必须具有民主性的受教与施教思想。长期以来，由于某些运动项目的专项特点和竞技运动的功利主义作祟，运动员一直处于受迫式的教育对象状态。我们司空见惯的权威式训练，已经养成教练员处于运动训练中的绝对权威和绝对主导地位。从某种意义上讲，这种简单、逼迫式方式对于基础训练阶段和专项初级阶段运动员的运动成绩提高，可能具有某种作用。但是，这种独裁的训练理念和粗暴方式非常容易造成严重损害运动员身心健康的恶果。

提倡民主性的教育思想是教练员和运动员之间"训"与"练"的关系所定。教练员在运动训练过程中引导运动员进行运动训练并起着主导作用，而运动员在其中起着主体作用。教练员的主导作用主要表现为"施教"和"施控"。"施教"的意思是向运动员传授运动知识和技术，指导运动员进行独立的训练，全面关心运动员的人格发展；"施控"的意思是通过各种质量监控手段，确保运动员达到训练目标的监控过程。运动员的主体作用是指进行能动、积极、主动、自觉和创造性的训练，直至创造优异运动成绩。显然，"训"与"练"是一种相互依存的关系，这种关系具有积极和消极的双重性。积极的双边关系表现在教练员积极发挥其在运动训练中的主导作用，有效促进运动员的创造性与独立性发展，同时运动员在其中发挥着主观能动性作用。

民主性的教育思想是人类文明社会持续科学发展的需要。不可否认的是，现今的人类文明社会是人类社会慢慢发展进步而来的，它是人类发展历史的必然结果。文明社会的重要标志就是社会的民主特征。民主社会的创建就是创造"公平世界"的社会秩序。竞技运动之所以能够广泛受到世人所爱，不仅源于竞技运动鲜活的竞争场面，更重要的是竞技运动所倡导的公平、公正、公开的思想，承载着我们创造公平世界的理想。因此，尽管教练员和运动员身份不同，但是两者的人格是平等的。显而易见，民主性的教育思想在于提示我们：竞技运动是一项独特的民有、民治、民享的教育领域。我们应该共同爱护这一教育资源，共同维护这一教育环境，共同享受这一教育过程，共同发挥这一教育作用。

为进一步促进个性发展、提供创新环境，倡导民主性的教育思想十分必要。个性是创造性的前提，创造性是个性的体现。竞技运动的各种表现，从本质上来说就是鼓励运动员，让其在竞技运动的相关规则与规定下，循规蹈矩地表现创造与张扬个性。可见，民主教育思想与竞技运动表现之间具有何等重要的密切关联。民主性的教育思想是充满爱心、人性、人情和人道的教育思想，是尊重个性、尊重差异、尊重创造的教育思想，是尊重自由、尊重内心、尊重思想、尊重感情的教育思想，是尊重平等、尊重法治、尊重人格和人权的教育思想。显然，如何通过不断深入挖掘身心潜力的运动训练过程，实施民主性教育思想下的教育方式、方法和手段，是一项严肃复杂的现实课题。因此，我们必须积极探索贯彻民主性教育思想的路径。

（二）纪律性的教育思想

纪律性的教育思想主要是根据竞技运动是人类的一项法制教育的工具而提出的。竞技运动归根究底是一种身体活动游戏，它是具有竞争性、规则性、挑战性的身体竞技活动项目的一个统称。竞技运动的竞赛规则就是竞技行为的规范文本。因此，纪律性的教育思想就是倡导必须严格遵循规则的教育思想。竞争是人类天性使然，竞争是社会进步的动力。竞技运动赋予人类文明的重要贡献是提供惊心动魄的竞争形式的同时，提供了和平对抗的竞争规则。竞技运动的活动形态提供了身心健康的发展手段，竞技运动的竞赛规则提供了竞技对抗的竞争法则。竞技运动的规则客观上规范了竞技者的行为方式，约束了参与者的不轨行为。因此，竞技运动在一定程度上影响了人们的遵纪守法意识。

在竞技运动中，比赛规则的制定具有十分鲜明的价值取向，而这一价值取向最终是服务于人类，有利于团结友爱、相互尊重的社会的构建，营造一个光明的、公平公正的文明世界。这一价值理念始终作为现代竞技运动竞赛规则制定和修改的法理依据，尽管所有运动项目的竞赛规则都由毫无生气的若干条款组成框架，文字的陈述和语义都是单调的明确表述。但是，竞赛规则要求一切都必须公平、公正的正义理念是不容置疑、不容挑战的。现代竞技运动的发展过程，就是竞赛规则的不断演变过程。竞赛规则的不断变化和更迭，是为了在时代的潮流中更适应于竞技运动发展的需要，也是为了突出竞技运动竞赛规则的真正价值理念。所以，科学制定规则是促进竞技运动发展，乃至社会一切活动领域发展的前提条件。

竞技运动的竞赛规则制定具有严格的规范要求。竞赛规则的针对性，要求竞技规则不断发展变化，以期更好地顺应于竞技运动的发展需求；竞赛规则的普适性，要求比赛行为具有统一标准和正义尺度，尽可能做到"规则面前人人平等"；竞赛规则的公平性，要求竞赛规则必须满足竞赛条款的严谨性、执法裁判的公正性和参赛各方的合法性；竞赛规则的规范性，要求防范内定规则、商定规则引发的不公结果，提供公平竞争的正义条款和法理依据；竞赛规则的操作性，要求竞赛规则的各个条款语义清晰、内涵准确、标准统一、便于操作。显然，竞赛规则的普适性、针对性、公平性、规范性和操作性是制定严谨规则的主要依据。由此可见，严谨地制定竞赛规则是严格执行规则、严肃规范行为的重要依据。

制定正义公平的规则是促进人类社会文明行为的前提，公正严谨地执行规则是维持人类社会秩序发展的基石，科学地修改和更正规则是适应人类社会发展的需要；遵纪守法地按照竞技运动竞赛规则活动，就是维护社会文明、社会秩序和社会发展的行为。竞技运动规则的严格执行，往往渗透在运动训练的组织纪律、运动竞赛的战术纪律和日常生活的作息制度等方面。显然，纪律性的教育思想应该成为运动训练和竞赛的各种行为准则，纪律性的教育思想应该成为深刻挖掘竞技能力潜力和创造优异运动成绩的思想基础。因此，我们必须大力倡导训练和竞赛中的严肃纪律思想，坚决维护和执行符合正义的各种规则制度。通过竞技运动所倡导的"公平、公正和公开"的活动理念，积极创造公平的理想世界。

三、职业教育与终身教育

(一) 职业性的教育思想

职业性的教育思想主要根据竞技运动是人类一项身体行为的职业而提出的。竞技运动一般可分为三个层次：学校体育竞技运动、社会体育竞技运动和竞技体育竞技运动。显然，这里所说的身体行为的职业是竞技体育领域内高水平的竞技运动，又称职业性竞技运动。这类运动已经发展成为具有欣赏价值、商品价值和经济价值的竞技项目，例如美国 NBA 职业篮球运动等。目前，职业性竞技运动项目已经成为一种运动员谋生的职业，国际已有不少单项运动的联合会下属专门的组织机构从事职业竞技运动管理，例如世界拳击协会（The World Boxing Association，WBA）等。显然，职业性教育对于职业运动员来说是极其重要的工作，它也是我国运动项目走向职业化道路的重要一步。

职业性的教育思想对于职业运动员来讲意义重大。职业性的竞技运动与其他的行业的不同在于，它并没有与人类物质生活密切相关。职业性的竞技运动属于一种艺术形态，同时也是一种零和思维下的游戏形态。对于竞技双方而言，竞技的任何一方都有非赢即输的可能，这是零和游戏的规则规定；对于观赛观众而言，参赛双方的竞技表现则有双赢或共输的可能，这是艺术市场的规则规定。显然，消极的竞技比赛纵然可以分出胜败结果，但是这样的比赛由于缺乏欣赏性，从而失去商品性和价值性，进而导致竞技项目逐渐失去市场，职业选手最终失去了职业。显然，职业性竞技运动不仅具有零和游戏特征，而且具有市场游戏特点。可见，职业性教育思想的贯彻，对于职业竞技运动的发展何等重要！

职业性的教育思想具有丰富的内容或内涵。通常，职业性与专业性密切相关，专业性是职业性的基础，而职业性是专业性的拓展和纵深。

竞技运动的专业性特点，不但表现在竞技运动活动方面具有高超的机能、卓越的体能和聪慧的心智要素，也表现在竞技运动理论方面具有相关的理论知识和运用能力。竞技运动的职业性特点，不仅表现在竞赛过程拼搏向上的意志品质、流畅多变的攻防变化和高难动作的技艺表演等等方面，而且表现在赛场上下公众场合的言谈举止、参赛服饰的艺术搭配和观众态度的互动效果等方面。职业竞技运动奉献的产品既是人类运动的文明记录，也是人类艺术的文明形态，更是人类传承的文明精神。因此，必须高度重视竞技运动的职业教育思想。

职业性的教育思想的贯彻不能仅仅依靠教练员本人的主导作用。西方职业竞技运动的成功经验证明：职业教育思想要始终纳入职业竞技运动的规划与实践范畴之内。一个优秀的职业运动员都有一支职业教练团队作为支撑。一个优秀的团队运动项目都有机能、体能、心理教练，并且同时会有技术摄像师、生理监控师、装备服务师、心理咨询师和生理监控师，主教练或总教练只是这支团队的 CEO 而已。高水平的职业队通常每周一次集中学习理论。除了专业理论之外，学习内容可谓包罗万象，甚至还要涉及赛事举办地区的宗教事务、王室礼仪、首脑会见、媒体沟通。如有可能，还要学习广告形象设计。总之，凡是涉及竞技运动职业领域的一切，都应纳入竞技运动的职业教育思想的内容体系。

(二) 终身性的教育思想

终身性的教育思想主要根据竞技运动是人类一项造福终身的活动而提出的。竞技运动是学校体育、社会体育、竞技体育三者需要共同依靠的发展工具，三种体育范畴内的同一竞技运动项目如有不同，也只是竞技运动发展所依赖的平台、水平和目的不同而已。我国学校体育的竞技运动致力于活跃校园体育氛围、促进学生身体发育和掌握运动基本技能；我国社会体育的竞技运动的目标是为了增强机能体质，促进人际交往、活跃社会文化生活；我国竞技体育的竞技运动的目的则是为了深入挖掘自身心理和生理的潜力，并在高水平的竞赛中取得优秀成绩。可见，竞技运动具有显著的层次性特征，因此也就客观地决定了终身体育教育思想的土壤。

终身性的教育思想与人的终身运动理念有关。现代人类的运动形态尽管花样繁多，但实际上是由日常性、行业性、健身性、表达性和竞技性5种活动类型组成。其中，鉴于运动素质的时空维度、运动技术的技艺难度、运动战术的娴熟程度、运动心理的表现强度等因素的比较，毋庸置疑，竞技运动应该属于人类活动复杂程度的最高层次。可见，掌握某一运动技能，对改善生活质量和提高终身运动质量有着极为重要的积极影响。终身性的教育思想还在于提高科学从事竞技运动的保护意识。从事竞技运动须不断挖掘自身潜力，那么就会需要承担一定的负荷压力，稍有不慎也许就会导致机体器官和功能的损坏。因此，终身教育思想有助于强化机体防护意识。

终身性的教育思想对于从事竞技运动的践行者还有一层重要意义。竞技运动毕竟是属于年轻人的主要身体运动，从事职业性竞技运动的运动员，到达一定年龄之后都要面临职业转型问题。因此，优秀职业运动员在役期间无不重视未来职业的选择和学习。至于从事非职业性竞技运动或处于非职业化竞技运动阶段的运动者，更是十分注重某一领域的文化学习和技能培养。例如，在日本几乎所有入选男足国奥队的选手，都是大学的在校学生。专业的高等教育过程、适宜的校园集体生活和有效的足球全面训练，促使日本男足的运动训练与高等教育融为一体。同时，吸引了大批高校的科研人员参与日本足球的发展。显而易见，高级训练与高等教育的高度结合，为终身教育思想的落实打下了坚实稳定的基础。

终身性的教育思想是联合国教科文组织自成立以来多次倡导的重要教育理念，许多国家为此构建了终身教育体制。伴随着我国竞技运动的发展，我国各级体育部门出台了多种强制性的培训计划，例如我国教练员的晋升都必须具有任职期间的岗位培训证书，作为职称申报的资格条件，甚至承担我国竞技运动后备人才培养的业余体校教练或传统体育学校的体育教师也必须四年一次地接受轮训。许多欧美体育强国更是构建了自己独特的终身教育制度。美国许多教练员都具有本科以上学位和教练员资质双重身份。此外，由于教练员职业的不断细化，终身教育领域也在不断扩大，例如"体能教练""运动师""心理咨询师"等这些资质的设置与等级考试制度，便是终身教育体制发展下得来的新型的职业岗位。

四、培养目标与教育模式

（一）科学确定培养目标

一般认为，教育目的是国家对于人才培养预期达到的行为结果；教育目标是指预期达到的教育结果具有量化特征的指标体系；培养目标则是某类教育领域的具体标准。显然，三者各有其义。其中，教育目的与培养目标的关系是抽象与具体的关系。教育目的是对所有接受教育者提出的较为概括和抽象的要求；培养目标是围绕教育目的和针对特定对象所做出的具体、明确的规定；教育目标则是培养目标各个方面变化的定量化指标的集合。培养目标与管理目标不同。管理目标意为"管理组织系统在一定时期内预期达到的目的和收到的成果"，它所关心的是人、财、物、权、职、责的运行机制和有效程度。管理目标的制定要依据培养目标，并为促成培养目标的全面实现起着服务保证作用。

运动训练是教育的一种特殊形式。虽然运动训练有它自身独特的规律，但是它的过程中仍有着教育的基本规律与特征。由此可见，竞技运动的运动训练过程，必须遵循教育过程的一般规律。根据对教育的上述几个概念演绎，我们不难看出竞技运动的运动训练目的、训练目标、培养目标、管理目标是有根本区别的。一般认为，我国竞技运动的训练目的十分明确。但是，竞技运动的培养目标却有分类分层的特点，例如学校体育与竞技体育的竞技运动培养目标并不相同。即便是竞技体育的竞技运动，不同训练阶段的培养目标也是不同的，而各阶段的培养目标和训练模式也有很大不同。由此可见，实际上优秀选手的培养正是通过不同训练阶段训练任务的不断完成和培养目标的逐步落实而实现的。

科学地确定培养目标的意义十分重大。确定一个培养目标不仅能使训练目的具体化，而且更为重要的是，它为不同训练阶段的训练大纲、训练结构、训练内容、训练目标提供了明确的依据。换言之，整个训练过程不同阶段训练大纲的制定、训练内容的选择、训练课程的设计、训练目标的确定都必须围绕不同阶段的培养目标深入展开。运动员培养目标的确定，也是各个不同类型组织机构部署训练工作的前提条件、开展服务工作的重要依据、检查服务质量的主要尺度。运动员培养目标的科学确定还为教练员监控训练过程提供了科学依据。运动员培养目标实际上也是训练质量监控的终极指标，这种终极指标决定了质量监控的过程指标体系。显然，科学转化和分解培养目标有助于提高训练质量监控的效果。

（二）科学设计培养模式

教育的方向是教育思想，教育的核心是人才的培养，教育的基础是教育结构，教育的条件是教育体制，教育的保障是教育机制，这些都构成了教育模式。运动员培养模式是根据特定的训练思想、训练方针、训练理论、训练目的和训练任务，为实现培养目标而采取的具有系统性和规范性的制度、机制和措施的总和。培养模式的内容包括培养目标、基本规格、培养过程和评价体系等要素。培养目标是根本，它是依据不同类型、不同层次项目的实际，确定相应的任务和要求；基本规格是主体，它明确规定培养对象应具有的知识、能力、素质和运动成绩；培养过程是关键，它由过程规划、过程实施和过程监控组成；评价体系是保障，它决定了实施过程和结果的检查质量，从而保证培养目标的实现。

运动训练的培养模式始终贯穿于整个训练过程。训练计划模式、训练内容结构、专项大纲模式、教学组织形式、训练方法手段、非训练培养途径等要素，组成了一个相互影响和相互联系的系统。其中，专项大纲模式主要有专门大纲模式和全面大纲模式。专门大纲模式强调专项的针对性，全面大纲模式强调专项的全面性。通常，前者用于专项提高阶段和成绩保持阶段，后者用于基础训练阶段和专项初级阶段。训练计划模式主要有刚性计划模式和弹性计划模式，刚性计划模式主要强调标准统一的整体训练，弹性计划模式主要强调因人而异的个体训练。通常，前者用于基础训练阶段、专项初级阶段和集体项目训练，弹性计划模式主要用于专项提高阶段、成绩保持阶段和个人攻坚项目的训练。

训练内容体系是运动训练的培养模式中不可忽视的重要构成部分。运动训练内容体系主要是由机能训练、技术训练、素质训练、心理训练、战术训练和智力训练等内容组成。这些内容本身不仅具有各自的系统特点，而且也是竞技能力的具体要素。训练内容体系主要考虑的是各项训练内容、竞技能力与训练过程的时空搭配。科学的时空搭配决定了运动训练的进程。毋庸讳言，运动训练内容体系的构建历来就是运动训练规划的难点和重点。非训练培养途径是指训练课以外的各种学习、实践活动，也称"隐性训练"，是智力训练的重要途径。因此，应该加强引导，使之成为培养过程的有机组成部分。培养模式应该包含管理，管理工作是培养过程科学、合理、有效、经济的重要保障。

第五章　青少年力量训练

第一节　力量素质释义

力量素质是指人的身体或身体某些部位用力的能力或指肌肉在人体运动中克服内部和外部阻力的能力。

外部阻力包括物体的重量、摩擦力、空气和水的阻力；内部阻力包括各肌肉和肌群之间的对抗力、肌肉的黏滞性。

力量素质决定速度素质的提高、耐力素质的增长、柔韧素质的符合；力量素质是体能训练水平的标志，是选材的依据，是运动素质的基础。

第二节　力量素质的分类

正确地认识力量素质的分类和力量组成成分，能使教练员有效地选择和使用力量训练手段，提高力量训练的效果。根据不同运动项目对力量素质的要求，以及力量的不同表现形式，力量素质可分为多种类型。

根据力量素质与运动专项的关系，可以分为一般力量和专项力量；根据力量素质与运动员体重的关系，可分为绝对力量和相对力量；根据肌肉收缩的形式，可将力量划分为静力性力量和动力性力量；根据完成不同体育活动所需力量素质的不同表现，又可以分为最大力量、速度力量和力量耐力。

在运动训练实践中，往往按体育运动不同项目对力量素质的要求，从力量的训练特征来划分，一般将力量素质分为最大力量、速度力量和力量耐力三种。

德国及美、苏联等国的一些研究表明，最大力量是基础，在很大程度上决定着快速力量的能力，对力量耐力也有影响。

第三节 青少年力量训练的原则与进程

一、青少年力量训练的基本原则

（一）根据项目特征来确定专项力量训练的内容与方法

青少年运动训练实践中确定运动项目的性质与特征，主要根据以下四个方面：

（1）决定专项运动成绩的训练学因素。

（2）专项运动中的能量供应特点。

（3）专项运动中的肌肉工作特点与专项技术动作特征。

（4）比赛规则与比赛要求。

（二）青少年力量训练的系统观和整体观

人体力学认为，人体要发挥最大力量和产生最大爆发力，单一环节的力量是远远不够的，它是各运动环节、各种功能和作用肌群间的协调配合、共济用力的综合结果。要跑得快、跳得高是由一系列肌肉共同参与，而不是某一肌肉或肌肉群单独工作的结果。因此，发展力量共同发展的整体观，不单是发展主动肌，而且还要发展小肌肉群的力量和中央核心力量。

力量训练应坚持系统性。因为力量的增长与系统训练有关，只要训练，力量就增长；训练停止，力量就消退。间隔时间是系统训练的关键问题，因此，力量训练的计划性、系统性和连续性（不间断性）是训练中的核心问题。

（三）青少年力量训练的计划性和连续性

力量训练要根据个人的具体情况制订详细的计划，计划可以保证训练的系统性和连续性，连续性对于力量训练非常重要，只有连续地反复进行力量刺激，力量才会有较好的增长。力量增长后如果长时间不进行训练，会出现消退现象。

（四）青少年力量训练的全面性与针对性

力量训练要遵循全面发展的原则，主动肌的力量增长，也要兼顾被动肌的力量增长。单独发展某一肌群，会造成其对抗肌群力量失衡，力量弱的肌群容易拉伤，动作改变和变形。

力量训练要具有针对性，只有针对性的力量训练才会更经济、有效。

二、青少年力量训练的进程——专项力训练的阶段性与进程

青少年力量训练计划的目标、内容、方法，在整个全年计划的各训练阶段都是不断变化着的。这是为了满足青少年在不同阶段对不同种类力量的需要，从而有助于最合理的提高运动成绩。

青少年力量训练计划应反映专项运动的特点，这是毫无疑义的。但是，许多教练员却往往忽视了发展力量局部与整体的联系性和阶段性，即对力量训练的方法学问题考虑较少。例如，短距离游泳运动员的力量训练，不应仅限于发展爆发力的训练。从方法学的观点看，爆发力训练应有计划、按比例地发展不同的力量成分，并由几个训练阶段完成，各阶段应有不同目的但又紧密联系的训练任务。这样做，从方法学上看是合理的，而且也能加速专项爆发力的发展，为专项力量训练打下良好的基础，促进运动员最佳竞技状态的形成与保持。一般地，青少年力量训

练的进程分为如下几个阶段：

（1）建设性力量训练阶段（打基础阶段）。通常，制订任何一个力量训练计划，都应从建设性力量训练阶段（打基础阶段）开始，它是整个力量训练的"物质"准备阶段。

（2）提高最大力量阶段。提高最大力量阶段的主要作用是提高肌肉克服最大阻力的能力。

（3）专项力量训练阶段。专项力量训练阶段可以分为以下几个阶段：①使发展的力量转变为专项力量（专项爆发力或专项力量耐力）阶段；②保持阶段；③发挥与调整阶段。

第四节　力量训练的内容与方法

不同的运动员、不同的运动项目，在不同的训练期需要不同的力量。因此，在进行力量训练时，首先应考虑发展哪一种力量。不同的力量素质有不同的训练方法。所以，接着应考虑所要发展的力量应采用什么训练方法，即选择和确定适合运动员的力量训练的方法与手段。

一、最大力量

（一）概念

最大力量是指人体或人体某一部分肌肉工作时克服最大内外阻力的能力，亦是指参与工作的肌群或一块肌肉在克服最大内外阻力时，所能动员出的全部肌纤维中最多数量的肌纤维发挥的最大能力。

（二）特点

最大力量是个变量，它取决于肌肉收缩的内协调能力、骨杠杆的机械效率和关节角度的变化。

通过合理训练，一方面使参与工作的那些肌纤维内部结构、机能发生变化，一方面又可动员较多的肌纤维参与工作，从而使最大力量有所增长。但最大力量的增长，根据每个人训练水平的高低、训练方法是否合理而有所不同。每个人的最大力量由于遗传、年龄、性别、训练水平等因素具有很大个体差异，同一个人由于各部分肌肉功能不同，所表现出来的最大力量也不同。

最大力量的表现一般是指在做各种姿势时，如站立、坐、卧、仰、蹲等，身体或身体某一部分所克服的最大阻力，以重量来衡量，可用测力计、杠铃、拉力器等来测定。

（三）最大力量训练的方法与手段

最大力量的提高主要取决于肌肉生理横断面和肌肉内协调能力的发展与改善。后者对相对力量的提高尤其重要，是田径径赛、跳跃和球类运动员提高力量的主要途径。

1. 增大肌肉生理横断面的最大力量训练

该方法是力量训练的基本方法，主要是通过中小强度（40%～60%）和多重复（8～10次）或40%～70%重量完成（3～5次×5～6组），速度快的训练使肌纤维增粗，肌肉横断面增大，达到提高肌肉力量的目的。

2. 改善肌肉协调能力的最大力量训练

苏联学者奥齐尔斯基和库茨涅佐夫研究指出，一次性肌肉收缩，甚至最大用力的情况下，一般只有50%～60%的肌纤维参加工作。所以，改善肌肉内协调能力训练是提高肌肉力量的主要途径和有效方法。

通过大强度刺激（最高强度的85%～95%，重复1～5次；或100%和100%以上的反应负荷），提高传入肌肉的神经冲动的强度和频率，动员更多的运动单位同步活动参与工作，挖掘储备力量。

3. 极限强度法

这种方法为保加利亚功勋教练员伊万·阿巴杰耶夫所创造。他认为人体有巨大的潜力和对外界环境很强的适应能力，开始时对新的刺激不适应，经过一段时间的训练就会适应。这时如不进行新的刺激、新的适应，机能就得不到新的发展，训练水平不可能达到新的高度。所以对旧的刺激适应后，必须给予新的刺激，再求得新的适应。保加利亚人称这种方法为"阶梯式"的训练方法。以抓举训练为例，暂定第一阶段抓举训练强度为 100 千克，经过若干天的训练，运动员适应这个重量并且成功地举起 100 千克两次，就可以增加新的重量，抓举 102.5～105 千克，开始第二阶梯的适应性训练。这样不断地增加重量，进行新的适应，使训练水平一级一级地提高。

95%～100%重量完成 1 次×（10～12 组），主要用于发展绝对力量。举极限强度时可使情绪振奋，能引起肾上腺素和去甲肾上腺素一些生理活性物质的大量释放，可使运动单位成倍地动员起来。

4. 最大限制的、短促用力的方法（强度法）

这种方法的特点是用极限或接近最大和最大的负荷练习，训练时逐渐达到用力极限，以后继续用对体力来说是最强的、中上强度的负荷量练习，直到对这种刺激产生劣性的反应为止。

短促极限用力的练习方法，保证了神经系统和肌肉作用力的高度集中，使肌肉最大力量得到明显提高。对于需要最大力量的项目的运动员来说，周期性地举最大的和接近最大的重量能有效地发展其专项工作能力。

短促极限用力训练采用负荷强度为本人最大负荷量的 85%～100%，练习组数 6～10 组，每组练习次数 1～3 次，每组间歇时间控制在 3 分钟。

我国大多数举重运动员都采用这种方法，并且取得显著的效果，多次打破世界纪录。运动员实践证明，只要强度在90%以上，就能提高运动成绩。然而，采用这种方法进行练习不但需要很大的体力和心理准备，而且还要具备丰富的营养和良好的恢复手段。

5. 持续不断地重复用力的方法（重复法）

这种方法的特点是负荷量的大小应随肌肉力量的增加而逐渐增加。当运动员能重复更多次数时，便表明力量有了提高，即应增加负荷的重量。重复用力的方法适用于训练的各个时期和阶段，其作用在于加强新陈代谢，活跃营养过程，并有助于改进协调性，加强支撑运动器官能力，并能迅速而有效地提高肌肉力量。

重复用力训练采用的负荷强度一般是本人最大负荷量的75%～90%，可进行6～8组，每组重复次数3～6次，每组间歇时间控制在3分钟。

据有关资料记载，古巴女排采用此法做架上半蹲练习，接着做立定跳远练习，该队主力队员半蹲负重量高达300多千克。

前苏联优秀运动员，多次世界纪录创造者阿列克谢耶夫经常采用这种方法训练，虽然平时很少举最大重量，但只要完成有效组数的必要重复次数，就能在比赛中成功地举起最大重量。

6. 静力性练习

静力性练习一般多采用较大负荷量，以递增重量的方法进行练习。所负的重量越大，由肌肉的感觉神经传至大脑皮质的神经冲动也就越强，从而引起大脑皮质指挥肌肉活动的神经细胞产生强烈兴奋，若经常接受这种刺激，就提高了兴奋强度，并吸引更多的肌肉纤维参与工作，进而提高了肌肉的最大力量。

总负荷是影响最大力量发展的重要因素。影响总负荷的因素有负荷重量、练习重复组数、每组持续时间及各组间的间歇时间等。提高最大力量多采用本人最大负荷量的70%进行练习，组数可控制在4组，每组持续在12秒以上，每组间歇3分钟。若采用本人最大负荷量的70%～

90%进行练习，组数可控制在4～6组，每组持续时间8～10秒，每组间歇3分钟。若采用本人负荷量90%以上进行练习，组数不超过4组，每组持续时间3～6秒，每组间歇应增至4分钟。

近几十年来，静力性练习不仅作为发展肌肉力量的有效手段，而且作为创伤后进行积极恢复正常功能的手段在体育界广泛应用。静力性练习的特点是工作时处于无氧条件下，能量储备迅速消耗，从而迅速出现疲劳。因此，过多地使用静力性练习法，会影响肌肉群的协调性。使用静力性练习法的目的只是为了克服某些肌肉在力量发展中的不足，使之迅速、优质地提高收缩力量。

7. 退让性训练方法

外力大于肌力，肌肉虽然用力收缩但仍被拉长进行离心收缩的力量练习称为退让性力量练习方法。研究证明，退让练习对神经肌肉系统产生强烈刺激负荷，使肌肉力量特别是最大力量得到明显增长。马特维耶夫认为，进行退让练习时，低水平运动员可采用80%～100%的负荷，刺激时间为4～6秒；高水平运动员可采用120%～140%的负荷，刺激时间为4～8秒。

二、速度力量

（一）概念

速度力量也叫快速力量，是指人体在运动时以最短的时间发挥出肌肉力量的能力，也可指运动员在特定的负荷条件下所表现出来的最大动作速度。

速度力量取决于人体肌肉的收缩速度和最大力量水平。增长速度力量时，既有速度要求，又有最大力量的要求，需要由速度和力量两个因素相结合完成。例如，跳高运动员和跳远运动起跳时的踏跳动作。

各运动项目对速度力量的要求不同，速度力量包括起动力、爆发力、反应力。

起动力是指在最短时间内（0.15秒以内）最快地发挥出的肌肉力量。爆发力是指在最短时间内（0.15秒以内）以最大的加速度克服一定阻力的能力，它是速度力量性项目提高运动成绩的主要因素。反应力量（Reactive Force），是指肌肉在先做离心式拉长，然后做向心式收缩时，利用弹性能量在肌肉中的储存与再释放，以及神经反射性调节，爆发出的力量。大量的研究已经证明，反应力量主要发生在运动技术的关键环节，对许多运动项目，尤其是一些速度力量性项目如短跑等的运动成绩具有重要影响作用。

（二）快速力量训练的方法与手段

快速力量取决于肌肉的收缩力量和收缩速度，是指肌肉尽快和尽可能高地发挥力量，快速克服外界负荷的能力。训练实践中，只有使肌肉力量和肌肉速度两方面都提高，才能取得快速力量训练的最佳效果。科学研究的实践证明，快速力量训练要处理好负荷重量与动作速度的比例关系，使之能与专项运动要求相一致。无论是从不降低动作速度的角度增加力量，还是从不减小负荷的角度提高运动速度，或是同时增大负荷和提高速度来发展快速力量，都要解决好练习负荷与动作速度的优化组合问题。

发展快速力量通常采用减负荷和先加后减负荷的练习。减负荷练习是指减轻外界阻力（负荷重量）或给以助力进行的练习。例如，投掷运动员常采用的投掷轻器械练习。先加后减负荷练习是指先增加负荷重量，使之超过比赛时需克服的阻力，当机体基本适应后，再减少负荷至正常水平，可以有效地提高运动员在标准阻力下完成动作的速度。

快速力量训练的效果，在很大程度上取决于中枢神经系统保持适宜的兴奋度。因此，在训练中应避免出现疲劳，重复的次数不宜过多，组间休息应保证机体基本获得恢复。

1. 起动力的训练方法

起动力是指运动员在最短时间内（肌肉收缩开始后 50 毫秒），最快地发挥肌肉力量的能力。起动力与肌肉最大力量及爆发力有关，起动力对短跑运动强而快速有力地完成起跑动作，肌在疾跑段达到项目的最佳速度极为重要。起动力的训练方法很多，常用的练习方法主要包括以下几种。

（1）利用地形、地物的各种短跑、起跑练习。

（2）沙地跑、上（下）坡路跑、跑阶梯等练习。

（3）利用各种器械、仪器的短跑练习。

（4）穿加重背心的起跑加速、加速跑突然改变动作方向跑、计时短跑、系铅腰带的加速跑、负轻杠铃或其他轻器械跑等。

（5）利用同伴的各种阻力（助力）的加速跑、牵引跑、听信号改变起跑的准备姿势跑等。此外，发展弹跳反应力的超等长练习法如跳深和各种跳跃练习也是发展起动力的有效手段。

2. 发展爆发力的训练方法

爆发力是指运动员在最短时间内肌肉收缩时能输出的最大功率，速度力负荷强度依需要而定，有时以 30% 的负荷强度练习，有时不负重，仅克服自身体重练习。在安排重复次数和组数时，注意以不降低速度为原则，同时要求中枢神经系统保持良好的兴奋状态。重复次数与负荷强度关系密切，负荷重量大，强度高，重复次数就要少；负荷重量小，强度低，重复次数相对就多些。组数不宜过多，以不减少每组重复次数、不降低每次练习速度为原则。

爆发力的训练方法：每组练习可进行 5～8 次；练习的组数、次数应以不产生动作迟缓为原则，组间休息应时间长些。

3. 动力性的训练方法

动力性练习是指肌肉从拉长的状态中缩短了克服阻力而完成的动

作。肌肉在收缩时起止点相互接近，所以动力性练习又可看成是肌肉的向心性工作。

动力性练习法的基本概念是 RM，即某一重量的最高重复次数。RM 指疲劳前按指定的重复次数所能举起的最大重量。

采用 5RM 的重量有助于最大力量的提高，使肌肉力量和肌肉速度都得到发展，适合于举重和投掷项目；采用 6～10RM 重量同 5RM 的效果差不多，但对快速力量有显著影响，适合于 100 米和跳跃项目。

4. 反应力量的训练方法

自 1972 年维尔霍山斯基（Werschoshanskij）提出"反应力量"之后，许多学者从不同角度对反应力量能否通过训练得到提高，进行了研究。截至目前，研究的主要成果可以归纳为 3 类：

（1）反应力量可训练性的机理试验。如维迪克（Vidik）和艾特玛（Ettema）等人的动物实验证明，训练可使受试动物与反应力量有关的肌肉——肌腱系统在器质形态或生理功能方面发生变化。

（2）运动员反应力量训练的研究。最具代表性的研究成果为，施密特布莱希尔（Schmidtbleicher）、高豪夫（Gollhofer）、泰戈迈克（Tegtmeier）等对成年运动员的反应力量训练进行的研究，他们的研究结果表明，系统和专门的训练可以提高反应力量水平。

（3）青少年运动员反应力量训练的研究。福思（Voss）和古德拉赫（Gimdlach）等从 20 世纪 80 年代初开始对该问题进行研究，他们认为，反应力量不仅对成年运动员，而且对青少年运动员的专项成绩具有重要影响作用。

三、力量耐力

（一）概念

力量耐力是指人在克服一定外部阻力时，能坚持尽可能长的时间或重复尽可能多的次数的能力。也就是运动员在静力或动力性工作中，能长时间保持肌肉紧张用力而不降低工作效果的能力。

（二）特点

力量耐力好坏取决于神经过程的强度、灵活性和延续性，以及肌肉供能过程顺畅性。

根据不同运动项目中力量耐力的表现形式不同，可分为动力性力量耐力和静力性力量耐力。

动力性力量耐力又可分为最大力量耐力（重复发挥最大力量的能力）和快速力量耐力（重复快速发挥力量的能力）两种，如田径、球类、游泳、体操等项目所需要的力量耐力。

静力性力量耐力则主要表现在射击、射箭、速度滑冰、摔跤和支撑性运动项目上。

运动员的力量耐力水平取决于多种因素，其中最主要的是保证工作肌耗氧和供氧的血液循环和呼吸系统的机能能力、无氧代谢的机能能力和工作肌群协同有效地共济工作的能力，以及运动员克服自身疲劳的意志品质。

此外，力量耐力与最大力量有密切关系，不同运动员在完成同一负重时的重复次数，主要取决于最大力量。最大力量大，则重复次数多，力量耐力好。力量耐力不应理解为完全是一般耐力，它应包括一般力量、爆发力和专项力量耐力。

（三）青少年力量耐力的训练方法和手段

1. 持续间歇法

其特点是负荷重量较小，每次应竭尽全力去达到极限，使肌肉长时间持续收缩工作到最大限度。力量耐力的增长主要表现在重复次数的增加上，每次练习要力争增加重复次数，当重复次数超过该项目特点的需要时，就应增加负荷重量。

严格控制间歇时间，使其有一定的疲劳积累，并在尚未恢复情况下进行下一组练习。

2. 循环训练法

循环练习法是指根据训练的具体任务，建立若干练习站或点，运动员按照规定的顺序、路线、时间依次完成各站规定的练习内容和次数，周而复始地进行练习的方法。此训练法将数种练习按一定顺序安排，严格控制，使身体一直处于疲劳状态下，以发展多部位力量耐力训练。

循环练习的内容组织需根据练习者的设想、训练目的而定，并且应该遵循"渐进负荷"或者"递增负荷"的原则安排训练，负荷强度必须针对个人情况而定。一般采用两种不同方式的循环练习。

第一种方法主要用于短距离高速度项目（短跑、短距离游泳、短道速滑）、摔跤、拳击及其他球类项目的肌肉耐力的训练。

第二种方法主要用于发展周期性运动项目的肌肉耐力，如长跑、长距离游泳、越野滑雪、赛艇等。

制订循环练习计划时，每组练习的时间短者可安排6种练习，时间适中者可安排9种练习，时间长者可安排12种练习，总持续时间在10～30分钟，循环重复练习2～3组。但具体的练习持续时间、重复次数以及间歇时间，应该根据运动员的训练水平和准备发展的身体素质来确定。由于采用循环法练习时各"站"都是事先安排好的、固定的，所以可以组织与"站"同等数量的人同时参加练习，提高练习者的兴趣，活跃练习的气氛。

3. 动力性训练方法

采用10～15RM的重量，肌肉增大不明显，有助于提高快速力量耐力，可使肌肉力量、速度和力量耐力能得到提高，适合于400米和800米项目；采用20RM以上的重量主要用来提高肌肉耐力，适合于长跑项目。

第六章　青少年速度训练

第一节　速度素质释义

速度素质是指人体或人体某部位快速运动的能力，也就是人体或人体某一部位快速做出运动反应、快速完成动作、快速移动的能力。

不同国家的学者对速度素质有不同的认知：

苏联的普拉诺夫认为："速度是指运动员保证在最短时间内完成动作的综合功能。"

加拿大的图多·博姆帕将速度的内涵定得更为简明：速度是人体"快速运动的能力"。

我国的过家兴教授提出："速度素质是人体快速完成动作的能力和动作反应时间的总称，也可理解为人体（或身体的某部分）进行快速运动的能力。"

董国珍教授指出："速度素质是指人体快速运动的能力。这里包括人体快速完成动作的能力和对外界信号刺激快速反应的能力。"

综上所述，速度素质包括三个方面：运动时人体对各种信号刺激的快速反应能力；快速完成动作的能力；快速通过一定距离的能力。

第二节　速度素质的分类

速度素质包括反应速度、动作速度和移动速度。反应速度是指人体对各种信号刺激（声、光、触等）快速应答的能力。动作速度是指人体或人体某一部分快速完成某个动作的能力。移动速度是指人体在特定方向上位移的速度。

第三节　青少年速度训练的原则与进程

一、速度训练的基本原则

（一）速度训练必须与运动员所从事的专项运动及比赛要求结合

所有竞技体育项目的运动员训练都应结合专项特点及技术变化，高度重视快速能力的训练。

实践证明，与专项动作结构不同的速度练习，所获得的速度不会向专项动作转移。例如，有些运动员在典型的速度练习（快速摆臂与原地踏脚等）中达到很高的速度指标，但在赛跑、划船、游泳、速滑和球类运动中却不能表现出很高的速度水平。

速度训练需要根据项目特点和技术动作要求加强感受器官与运动器官一致性的训练，因此，采用与专项特点及比赛要求的动作结构相同的、协调机制相似的、接近或达到最高动作速度或移动速度的专门性练习，对发展快速能力最为有利。

（二）合理安排速度训练的顺序和时间

各种身体素质及各种运动能力之间，存在相互联系、相互促进和相互制约的关系。某一素质和能力的改变，都会或多或少、直接或间接地引起其他素质的变化。发展速度素质与快速能力时应从系统论的观点出发，处理好与其他素质训练的关系，合理安排速度练习的顺序和时间，使各种素质能力全面均衡发展，力求获得良性转移，避免相互制约等不良影响。

速度应安排在力量练习之前进行，力量练习也应以动力性力量为主。速度练习的时间，在一周中最好安排在小强度训练或调整训练后的第一天进行；在一天或一次训练课中，一般安排在上午或课的前半部分。

(三) 速度训练时运动员要保持较好的状态

速度素质训练对运动员神经系统的要求较高，因此速度素质训练应在运动员兴奋性高、情绪饱满、运动欲望强的情况下进行。

合理安排运动负荷是保证速度练习的前提，基本原则是强度大，次数和时间要严格控制。一旦出现动作迟缓等现象，就要立即停止速度练习。

(四) 速度练习要始终贯彻放松的原则

世界第一"女飞人"、100米和200米世界纪录保持者乔依纳深有感触地说："我的100米成绩从10秒96提高到10秒49，没有别的，就是学会了放松跑技术。"也正如美国著名短跑教练温特所说的"放松训练是通向冠军的必经之路"。

肌肉放松能加快肌肉的收缩速度，研究证明，100米成绩从10秒9提高到10秒，爆发力需要提高20.5%，最大肌力需要提高12.34%，肌肉放松速度需要提高21.20%。200米成绩从21秒5提高到21秒，爆发力需要提高11.33%，最大肌力需要提高到6.86%，肌肉放松速度需要提高46.32%。

放松能增大肌肉的收缩力量，研究表明，肌肉放松能力弱的人，在活动时，肌肉中有60%的肌纤维参与活动，人体肌肉放松能力强的人，有90%的肌纤维参与活动。两块同样大小的肌肉，由于放松能力的强弱不同竟使力量相差30%。肌肉收缩前的初长度与肌肉放松能力的关系极为密切。肌肉越是放松，肌肉就越能减少肌肉本身的对抗阻力，就越容易被拉长，肌肉的初长度越长，则肌肉的力量就越大；反之，肌肉越是处于紧张状态，肌肉就越难以拉长，肌肉的初长度越短，则肌肉的收缩力就越小。

肌肉放松能节省能量提高速度耐力，肌肉放松能以较快的速度克服外界阻力，同时也减少了肌肉内阻力，这对于推迟疲劳的出现，保持高速起到非常重要的作用。实践证明，短跑运动员肌肉放松能力掌握得越好，则保持高速度的能力就越强。目前，从世界短跑运动员技术发展的趋势看，大多数运动员采用的是放松协调大步幅的跑法。因为这样的跑法更能提高短跑能力。如果不积极发展步幅而追求高步频来提高速度，就必须要求肌肉在单位时间内做出更快的收缩，但这不利于运动成绩的有效提高。研究证明，肌肉收缩所消耗的能量与收缩速度成正立方比，肌肉收缩速度增加 1 倍，其能量消耗和需要的氧就会增加 7 倍。高频率使神经、肌肉处于高度紧张状态，不利于保持最高速度。肌肉放松减少肌肉内阻力，增加收缩初长度，使肌肉力量大大增强从而增加步幅。肌肉放松可使关节周围的韧带、肌肉的伸展性得到提高，增加关节运动幅度。

从表 6-1 可以看出赵靖宇和袁国强的绝对速度一样，即为 11.019 米/秒，但由于赵靖宇前半程速度过快，动作紧张，耗能多，没有袁国强的放松技术好，结果赵靖宇败给了袁国强。更使人们料想不到的是：樊新文的绝对速度并没有赵靖宇的快，但由于樊新文前半程的速度控制得好，动作放松，耗能少，后程减速不多，也胜了赵靖宇，这一事实说明了放松技术对提高短跑速度有重要作用。

表 6-1　第四届全运会百米决赛时前三名运动员每 10 米跑数据统计

分段 成绩 姓名	分段平均速度/（米/秒）						
	40～50	50～60	60～70	70～80	80～90	90～100	总成绩
袁国强	10.78	11.019	11.019	10.78	10.626	10.49	10.52
樊新文	10.55	10.55	10.98	10.55	10.321	10.292	10.69
赵靖宇	11.019	10.37	10.78	10.33	10.14	10.10	10.70

美国朱·维苏茨金的科学实验证明：肌肉的放松能力即放松技术对提高 60 米、100 米、200 米跑的成绩时所起的作用是不相同的，距离越长的短跑项目，肌肉的放松能力要求越高。

二、速度训练的进程——速度训练的阶段性

（一）速度训练的阶段性规律

根据人的动作速度或动作频率的自然增长的规律，速度训练应遵循以下规律：

（1）7～13 岁处于速度素质的快速增长期，神经系统、协调能力在此期间发展较快，因此，注意发展力量和柔韧素质来促进速度素质。

（2）7～11 岁时训练的重点应当放在运动速度和动作频率上，要充分利用一切能提高动作频率的手段进行练习。主要采用综合训练法，全面促进少年儿童机体正常生长发育，使影响速度素质的各种因素都能得到发展。在发展动作频率时，练习时间要短、强度要大、重复次数要少、间歇时间要长，让中枢神经系统始终处于较高的兴奋状态。

（3）12～15 岁期间的训练在已获得的动作速度和动作频率稳定的前提下，采用提高速度力量和肌肉力量的练习来提高速度。

（4）16 岁以后，在防止产生"速度障碍"的前提下，其训练速度和方法可接近成人标准。

（二）预防和消除"速度障碍"

速度素质发展到一定程度时，往往会产生"速度障碍"，出现停滞与难以提高的现象。速度障碍产生的客观原因是：从运动技能形成的规律来看，动力定型的形成使运动员已掌握技术动作的空间特征固定、时间特征稳定；从技能形成的机制上讲，神经过程的灵活性对速度练习的

作用比其他练习更为重要，而神经系统灵活性的训练是很困难的；从能量供给上看，肌肉收缩所需要的能量值的立方与肌肉收缩的速度成比例。速度障碍产生的主观原因有：基础训练不扎实，过早发展绝对速度；技术动作不合理，训练手段片面单调；负荷过重，恢复不好导致过度疲劳等。

对于不同训练水平的运动员来说，预防"速度障碍"，应采取不同的手段与方法。对刚参加的训练者，预防"速度障碍"的主要做法是不要急于搞过细的速度专门化训练，主要突出速度力量训练，采用多种手段，如游戏、球类、跳跃等，以及采用不同的形式进行练习，即使采用专门性速度练习也应在方式上进行多种变化。虽然，这两种练习手段达到的成绩是一样的，但用专门的短跑训练以最高速度进行反复练习的做法，会导致动作时间特征稳定，形成"速度障碍"。

一旦形成"速度障碍"，就要采用专门性手段来破坏或削弱它，主要办法是创造一定的补充条件来突破最高速度。例如，采用下坡跑、加速跑、牵引跑、投掷较轻的器械等，在采用这类手段时不应过分降低条件，否则，会破坏运动员动作空间特征，并导致训练恢复时间的延长，产生不良后果。如果一段时间内不做速度练习，"速度障碍"可能消失，而动作技术的空间特征将保留下来，如果在这个时期内借助其他手段提高速度力量素质水平，那么过一段时间可能使成绩提高。

第七章　青少年柔韧素质训练

第一节　柔韧素质释义

柔韧性是指人体关节活动幅度以及关节韧带、肌腱、肌肉、皮肤和其他组织的弹性和伸展能力，即关节和关节系统的活动范围。

柔韧性的优劣主要取决于跨过关节的肌肉、韧带、肌腱的伸展范围和弹性，取决于肌肉活动中的收缩与放松的协调能力。

柔韧性好能使动作自然、幅度大、经济省力，移动距离增大，摆荡做得充分，身体线条舒展、优美。

第二节　柔韧素质的分类

柔韧素质根据专项的要求，可分为一般柔韧性与专项柔韧性。一般柔韧性是指为适应一般技能发展所需要的柔韧素质，专项柔韧性是指专项运动特殊需要的柔韧性。由于专项柔韧性具有较强选择性，因此，同一身体部位具有的柔韧性由于项目的需求不同，在幅度、方向等表现上也有差异。

柔韧素质从外部运动状态的表现看可分为动力性柔韧性和静力性柔韧性。动力性柔韧性是指肌肉、肌腱、韧带根据动力性技术动作需要，拉伸到解剖学允许的最大限度能力，随即利用强有力的弹性回缩力来完成所要完成的动作。所有爆发力前的拉伸均属于动力性柔韧性。静力性柔韧性是指肌肉、肌腱、韧带根据静力性技术动作的需要，拉伸到动作所需要的位置角度，控制其停留一定时间所表现出现的能力。如体操中的控腿、俯平衡动作、"桥"、劈叉，体育舞蹈中的各种造型；运动员保持体前屈的姿势等都是这种能力的体现。动力性柔韧性建立在静力性柔韧性的基础上，但必须要有力量素质的表现。静力性柔韧性好，动力性柔韧性不一定好。

从完成柔韧性练习的表现上看，柔韧素质又分为主动柔韧性和被动柔韧性。主动柔韧性是运动员在主动运动中依靠自身力量表现出来的柔韧素质水平。被动柔韧性则是在一定外力协助下完成或在外力作用下（如教练员协助运动员做压腿练习）表现出来的柔韧水平。主动柔韧性不仅反映对抗肌的可伸展程度，而且也可反映主动肌的收缩力量。一般来说主动柔韧性比被动柔韧性要差，这种差距越小，说明柔韧素质的发展水平越均衡。

第三节　青少年柔韧训练的原则

一、循序渐进，持之以恒

初次练习易产生不适感，甚至酸痛感，经过一个时期的练习，疼痛感和不适应感才能消除。如果柔韧性练习停止一段时期，已获得的效果就会有所消退。因此，柔韧性练习要持之以恒才能见效，柔韧素质的发展是需要意志的练习。

发展柔韧素质的最佳时期是在儿童少年阶段，随着年龄的增长，柔韧性出现下降的趋势。在此阶段中，儿童青少年的关节活动范围较大，适合发展柔韧素质，而不适合发展力量素质，一般到 12 岁之后再进行力量练习。少儿时期开始系统训练，是发展柔韧素质的重要手段。成年后，经常坚持锻炼，已获得的柔韧性可以保持很久。

二、柔韧性练习要因项因人而异

柔韧性练习必须根据专项特点和练习者的具体情况安排，例如，跳跃项目的运动员主要要求腿部和髋部的柔韧性；游泳运动员主要要求踝关节和躯干柔韧性；体操运动员主要要求肩、髋、腰、腿部的柔韧性。

因此，在全面发展身体各部位柔韧性的基础上，要重点练习本专项所需要的几个部位的柔韧性。另外，练习者的具体情况不一样，在进行柔韧素质练习过程中必须区别对待，突出针对性、应用性，这样才能收到良好的练习效果。

在运动训练中，虽然各项对柔韧性都有一定的要求，但一般说来没有必要使柔韧性的发展达到最大限度，柔韧性的发展并非越大越好，柔韧性的发展程度只要能满足专项运动技术的需要就可以了，柔韧性过好或者过长都会影响到运动成绩。

三、柔韧素质练习要注意外界温度与练习的时间

外界温度过高或过低，都会影响到肌肉的状态，影响到肌肉的伸展能力。一般地说，当外界温度在 18℃ 时，有利于柔韧的发展，因为肌肉在这个温度下，伸展能力较好。温度过高过低，肌肉紧张或无力都会影响其伸展能力。如跳高运动员每做完试跳之后，总要穿上衣服，目的在于保持体温，使肌肉处于良好的状态，以便迎接下一次试跳。

一天之内在任何时间都可以进行柔韧性练习，只是效果不同。

早晨柔韧性会明显地降低，所以早晨可做一些强度不大的"拉韧带"的练习。一日之中，在 10～18 时人体能表现出良好的柔韧性，此时可进行一些强度较大的柔韧性练习。

在进行较大强度肌肉伸展练习前，必须先做热身活动，使身体微微出汗。

柔韧训练应该与准备活动相结合，甚至可以说柔韧练习是准备活动的主要内容，准备活动可以使体温升高，降低肌肉的黏滞性，提高其伸展性，减少运动损伤的发生。

四、柔韧性练习强度

柔韧性练习应采用缓慢、放松、有节制和无疼痛的练习，做到

"酸加""痛停""麻停"。只有通过适当的努力，柔韧性才会提高。随着柔韧性在锻炼过程中的提高，练习强度应逐渐加大。

五、柔韧性练习的时间和次数

柔韧性每种姿势练习的时间和次数是逐渐增加的，应从最初的 10 秒练习时间，逐渐增加至 30 秒，每种姿势应重复次数在 3 次以上。如果是平时体育锻炼时的柔韧性练习,5～10 分钟的时间就足够了;如果是专门为了提高柔韧性练习或运动员的训练，则练习时间必须达到 15～30 分钟。

六、柔韧练习时要防止受伤

柔韧练习主要是运用各种方法拉长人体关节肌肉、韧带的长度。但如不注意科学的方法，非常容易出现肌肉拉伤事故。因此，要提高柔韧练习的最终效果，必须要防止在练习时受伤。一般在柔韧练习前，要做一些热身活动，减少肌肉的黏滞性；在拉长肌肉的过程中，不宜用力过猛，特别是在被动柔韧练习时，教练员施加的外力要循序渐进，要了解运动员的个性特征，还要及时注意运动员的练习反应，以便合理地加力与减力，保证柔韧练习的正常进行。

七、柔韧性练习与力量练习相结合

柔韧性的提高要以有一定的肌肉力量为基础，肌肉力量的增加可间接使柔韧素质得到相应的提高。

第四节　青少年柔韧训练的影响因素

一、柔韧素质的发展要从小培养

我国体操、武术、技巧界柔韧性练习都是从小开始的，并在这方面积累了丰富的经验。从小发展的柔韧素质，由于是在人体自然生长发育的过程中实现的，因此能得到保持和巩固，不易消退。此外，柔韧素质发展的敏感期是 5～10 岁，所以在此期间要抓紧练习，并在 10 岁以前使柔韧素质得到较好发展。

根据人的生理自然生长规律来看，初生的婴儿柔性最好。随着年龄的递增，骨的骨化过程，肌肉的增长，韧性逐渐加强。柔韧性的增长在 10 岁以前自然获得发展，10 岁以后随年龄的增长，柔韧性相对降低。特别是髋关节，由于腿的前后活动多，加之肌肉组织增大，使左右开髋幅度明显下降。因此在 10 岁以前就应给予应有的柔韧练习，使其自然增长的柔韧性得到提高。在 10～13 岁这个年龄应充分发展柔韧练习，因这个年龄是性成熟前期，骨的弹性增强，肌肉韧带的弹性、伸展性仍有较大的可塑性，给予充分柔韧练习，使各关节幅度达到最大解剖限度，充分提高肌肉韧带的伸展性，这不仅能提高各关节的柔韧，而且对青春期的身高增长也是有利的。如果在 10 岁以前柔韧未得到发展，在 10～13 岁这个时期仍可作为柔韧发展的弥补，仍可获得应有的柔韧效果。超过这个年龄，将会使运动员经受较大痛苦，费时长、收效慢且易受伤。

13～15 岁为生长期。在这个时期，骨骼生长速度超过肌肉的生长，因此柔韧性有所下降。在这个时期应特别注意身体发育的匀称性，多做全身性的伸展练习，巩固已获得的柔韧效果，不要过分进行柔韧性练习以免拉伤。

16～20岁,由于13岁以前获得了良好的柔韧效果。在青春期虽有些下降,但在这个年龄整个身体发育趋向成熟,可加大柔韧负荷、难度,从而在已获得的柔韧基础上,进一步获得专项所需要的柔韧素质。

二、疲劳程度

由于长时间工作产生疲劳时,其弹性、伸展性、兴奋性均降低,造成肌肉收缩与放松的不完善,各肌群不能协调工作,从而导致关节柔韧性的降低。

三、温度

当肌肉温度升高时,新陈代谢加强,供血增多,肌肉的黏滞性减少,从而提高肌肉的弹性和伸展性,柔韧性得以提高。

影响柔韧性的温度有外界环境温度和体内温度,体内温度的调节用于补偿外界环境对机体产生的不适应。如当外界环境温度低时,必须做好充分的准备活动,提高肌肉温度,增加柔性。当外界环境温度高时,将排出一定量的汗液以降低温度,以免肌肉过早出现疲劳,降低肌肉的柔韧性。

第五节 青少年柔韧训练的方法与手段

在竞技运动中,柔韧常被分为一般柔韧性和专项柔韧性两种。一般柔韧性是指所有运动员都应具有的全身各关节良好的活动度,它有助于运动员顺利完成训练任务。专项柔韧性则是指与专项运动有关的特别关节的柔韧性,如标枪、蝶泳运动员肩关节的柔韧性,跨栏运动员髋关节的柔韧性等。柔韧性通常表现为主动柔韧性和被动柔韧性两大类。两者的主要差别是:前者是通过肌肉积极收缩,主动独立地增加关节活动度的能力；后者则是借助同伴、器械、自身重量等外力被动地使关节活动度增大。这种差异是使训练方法有不同的选择和侧重，应根据实际情况而定。

一、柔韧素质练习的方法

柔韧训练也被称为肌肉伸展性训练，根据其不同训练效应，相应地被区别为主动和被动柔韧训练两类，而每类还区分为动态和静态两种形式。

（一）主动或被动的静力拉伸方法

这是指缓慢地将肌肉、肌腱、韧带拉伸到有一定酸、胀、痛的感觉位置并略有超过，然后停留一定时间的练习方法。

这种方法由于拉伸缓慢不会激发牵张反射，可减少或消除超过关节伸展能力的危险性，防止拉伤。一般要求在酸、胀、痛的位置停留 6～8 秒，重复 6～8 秒。

（二）主动或被动的动力性拉伸方法

这是指有节奏的、速度较快的、幅度逐渐加大的多次重复一个动作的拉伸方法。

在运用该方法时用力不宜过猛，幅度一定要由小到大，先做几次小幅度的预备拉长，然后加大幅度，从而避免拉伤。每个练习重复 5～10 次（重复次数可根据专项技术需要而增加）。

主动的动力性拉伸方法是靠自己的力量拉伸，被动的动力性拉伸方法是靠同伴的帮助或负重借助外力的拉伸，但外力应与运动员被拉伸的可能伸展能力相适应。

上述方法可单独采用，也可混合运用，练习时间根据需要确定。

（三）增强肌肉和结缔组织的伸展性训练

增强肌肉和结缔组织的伸展性训练有快速爆发式牵拉和缓慢牵拉练习两种方法。快速爆发式牵拉法在进行牵拉练习时有疼痛感，并且在准备活动不充分的情况下容易受伤，如"摆腿"和"踢腿"练习。缓慢牵拉练习是使有关部位肌肉、韧带缓慢拉长至一定程度，伴有轻微的疼痛感。因为过关节伸展限度小，不易引起损伤和疼痛，并可以有意识地放松对抗肌，因此，缓慢牵拉练习锻炼效果较爆发式牵拉训练好，如"跨栏坐"等。

二、柔韧素质可采用的手段

柔韧素质可采用以下手段来得以提高：

（1）在器械上的练习：利用肋木、平衡木、跳马、把杆、吊环、单杠等。

（2）利用轻器械的练习：利用木棍、绳、橡皮筋等。

（3）利用外部的阻力练习：同伴的助力、负重等。

（4）利用自身所给的助力或自身体重的练习：如压腿时双手用力压，同时身体前压，在吊环或单杠上做悬垂等。

（5）发展各关节柔韧所采用的动作：压、踢、摆、搬、劈、绕环、前屈、后仰、吊、转等。

第八章　青少年耐力训练

第一节　耐力素质释义

耐力素质是指人体在长时间进行工作或运动中克服疲劳的能力，也是反映人体健康水平或体质强弱的一个重要标志。

疲劳是一种生理现象，有机体经过长时间的活动，必然要产生疲劳，使其工作能力下降，限制了运动的时间及水平的发挥，这是有机体的一种自我保护。但是，疲劳又是提高有机体工作能力所必需的，它是有机体机能恢复与提高的刺激物，没有疲劳的刺激，有机体机能就不会得到提高。

疲劳是由多方面的因素所造成的：长时间的活动后，体内能量物质大量被消耗，又得不到及时补充，于是产生疲劳；活动后某些代谢产物（如乳酸、二氧化碳等）在肌肉中大量堆积使肌肉收缩能力下降，造成肌肉疲劳；活动后血液中 pH 值下降，细胞外液水分和离子浓度以及渗透压发生变化，使内环境稳定性失调从而导致疲劳；由于以上因素的变化，使皮层神经细胞能力降低，神经活动过程抑制占主导地位，形成大脑皮层的保护性抑制，出现疲劳。

根据不同的工作特征，疲劳可分为脑疲劳和体力疲劳。不过在体育运动中，更值得重视的是体力上的疲劳。当疲劳出现时，运动速度、力量、神经肌肉的协调配合能力就会下降，从而导致灵敏性和动作准确性降低，妨碍技术水平的正常发挥，甚至会造成动作失败，影响运动成绩。因此，提高运动员克服疲劳的能力，在运动实践中非常重要。

第二节　耐力素质的分类

耐力素质可以有很多种分类方法。

一、从训练学的角度分

从训练学的角度分，耐力可分为一般耐力和专项耐力。

（一）一般耐力

一般耐力是指运动员有机体各器官系统长时间协调工作的能力，并包括以下特征：工作持续时间长，不间断，大肌肉群参加工作，运动强度相对不大，心血管系统的功能与活动形式与时间相适应。

（二）专项耐力

专项耐力是指运动员有机体为了提高专项成绩，最大限度动员机能能力，长时间地承受专项负荷，并保持工作的能力。专项耐力的主要特征是突出体现专项特点，满足专项运动的需求，如短跑项目需要保持较长时间快速跑的专项耐力，举重与体操项目则需要保持较长时间发挥力量能力的专项耐力。

一般耐力和专项耐力之间存在着密切的相互关系，由于一般耐力是在多肌群、多系统（中枢神经系统、心血管呼吸系统）长时间工作的条件下形成的，这为专项耐力的发展创造了良好的条件。无论专项特点如何，良好的一般耐力水平都有助于运动员在专项耐力的发展中获得成功。所以，常常把一般耐力看成是专项耐力发展的基础。

二、从器官系统的机能角度分

从器官系统的机能角度分，耐力素质分为心血管耐力和肌肉耐力。

（一）心血管耐力

心血管耐力是循环系统保证机体长时间肌肉活动时营养和氧的供应以及运走代谢废物的能力。心血管耐力是影响耐力素质最重要的内在因素。根据运动时能量供应中氧参加的程度，心血管耐力可分为有氧耐力、无氧耐力、有氧无氧混合耐力和缺氧耐力。有氧耐力是指机体在有氧供应比较充足的情况下的耐力，无氧耐力是机体在氧供应不足负有氧债情况下的耐力。无氧耐力又可以分为乳酸供能无氧耐力（糖元无氧酵解供能）和非乳酸供能无氧耐力（ATP、CP 分解供能）。有氧无氧混合耐力是指机体在具有有氧和无氧双重情况下的耐力。缺氧耐力是机体在严重缺氧或处于憋气状态下的耐力。

（二）肌肉耐力

肌肉耐力是指运动员肌肉系统在一定的内部与外部负荷的情况下，能坚持较长时间或重复较多次数的能力。肌肉耐力和力量水平的发展关系极为密切，发展肌肉的最大力量能有效地促进肌肉耐力水平的提高。根据运动时参与工作的肌肉群数量或身体活动部位，肌肉耐力可分为局部耐力和全身耐力。

三、按肌肉的工作方式分

按肌肉的工作方式分，耐力素质还可分为静力性耐力和动力性耐力。

（一）静力性耐力

静力性耐力是指有机体在较长时间的静力性肌肉工作中克服疲劳的

能力。如射击、射箭、举重的支撑、吊环的十字支撑等过程中表现出的耐力水平。

（二）动力性耐力

动力性耐力则指有机体在较长时间的动力性肌肉工作中克服疲劳的能力。

第三节　青少年耐力训练的原则与进程

一、耐力训练的基本原则

耐力训练的基本原则有以下几点。

（1）在训练中，应先发展一般耐力，再重点发展专项耐力。

（2）注意练习手段的渐进性、多样性和趣味性。

练习手段的渐进性一般是先以健身走，过渡到健身跑，以有氧代谢训练过渡到有氧和无氧混合代谢训练。

（3）耐力训练的负荷、手段应该与专项技术要求紧密结合。

（4）重视耐力训练以后的放松运动，加速恢复，消除疲劳，增加体能。

二、耐力训练的进程——耐力训练的阶段性

男女少年儿童耐力素质的发展比速度素质晚，男女高峰值出现得也较晚。男孩在 10 岁时耐力首次出现大幅度提高，13 岁时再次出现大幅度提高，到 16 岁时耐力素质有了更大幅度的提高。15 岁时，男孩耐力增长速度明显减慢，但90%强度的跑步却有了较大的增长，说明男孩此

时无氧耐力处于良好的发展时期。女孩在 9 岁时耐力首次出现大幅度提高，12 岁时耐力再次提高，进入性成熟期后的第二年（14 岁起）耐力逐年降低，16 岁后下降的速度开始减慢。

第四节　青少年耐力训练的内容与方法

一、一般耐力训练

一般耐力又称有氧耐力，是指长时间进行有氧供能的工作能力。发展有氧耐力主要是提高心肺功能水平，有氧耐力的主要指标是最大吸氧量，即运动时每分钟能够吸入并被身体所利用的氧气的最大数量。有氧耐力锻炼的负荷强度，一般用运动过程的心率来衡量，控制在 140 ～ 170 次/分钟为宜。发展有氧耐力的方法多采用慢速跑步、越野跑、骑自行车、游泳、划船等周期性运动。有氧耐力锻炼持续时间最短 5 分钟，一般在 15 分钟以上，最好能每天坚持 30 分钟的锻炼。提高运动员有氧耐力主要采用连续训练和间歇训练两种方法进行。

（一）连续训练法

连续训练法是采用不间断的训练方式进行。一般采用匀速持续跑，心率控制在 150 次/分钟左右，时间在 1 小时以上；越野跑，时间在 1.5 ～ 2 小时，速度可以有适当变化；变速跑，负荷强度由低到高，心率控制在 130 ～ 150 次/分钟、170 ～ 180 次/分钟，练习时间在半小时以上。

因为此方法主要发展有氧供能系统的能力，所以负荷强度相对要小。芬兰生理学家卡沃宁提出有氧耐力训练的心率保持公式：训练强度 = 安静时心率+（最大心率−安静心率）×60%，可作为参考。心率控制在这一水平，可使心血输出量增加，吸氧量可达最大值的 80% 左右，还可使心脏容量增大，有利于促进骨骼肌、心肌毛细血管增生。

（二）间歇训练法

间歇训练法是对多次练习的间歇时间做出严格的规定，使机体处于不完全恢复状态下，反复进行练习的训练方法。

间歇训练法所采用的强度要比连续训练法大，对有一定训练程度的运动员可使心率达到 170 ～ 180 次/分钟。只有用较大的强度才能使运动后 10 ～ 30 秒心搏量得到增加，从而有效地提高心脏功能，达到有氧耐力训练的目的。

一次练习的负荷量不宜过多，如果一次练习的负荷量过大，练习的持续时间长，会导致工作能力下降，不利于心脏功能的提高。

每一次练习的持续时间不宜太长，但整个训练的持续时间应当尽可能地延长，至少保持在半小时以上。这样可提高机体大量利用组织中氧气的能力，提高心脏的潜在功能。

对间歇时间的基本要求是，在运动员机体尚未完全恢复时就进行下一次练习，时间长短可用心率控制，一般恢复到 120 次/分就可以进行下一次练习。

间歇中的休息方式多采用积极性休息。通过轻微活动或放松活动，对运动员肌肉中毛细血管起到按摩作用，使血液尽快回流心脏，可使机体内堆积的酸性物质得以快速排除，有利于下一次练习。

二、无氧耐力训练

它是指缺氧状态下，长时间肌肉收缩供能的工作能力。常采用短时间、最大用力和短暂休息的重复运动的方法进行。

无氧耐力的改善主要通过两条途径：一是提高肌肉中高能化合物的数量（非乳酸能力）；二是增强糖酵解能力（乳酸能力）。

（一）非乳酸供能无氧耐力训练

一般采用95%以上的大强度进行练习，练习的持续时间可在 10 秒钟左右或更长一些。练习的重复次数可以多，但必须以不降低训练强度为原则。

距离 30～60 米，间歇时间为 1 分钟左右，目的在于保证机体分解 CP 供能。距离 100～150 米，间歇时间为 2 分钟以上，目的在于保证机体 CP 能源物质通过休息得以恢复。练习间歇时间则应当更长一些，比如 5 分钟以上，可以使 CP 得到恢复，有利于下一组练习。在组间间歇时可以做一些积极性休息练习。

（二）乳酸供能无氧耐力训练

训练的负荷强度比有氧耐力训练时要大，一般应当达到 80% 甚至 90% 以上，心率可达到 180～190 次/分钟，甚至更高一些。

一次练习的持续时间和距离可稍长，练习的重复次数不宜过多，否则就不能保证必要的训练强度。练习的组数一般较多，并视运动员具体情况而定，确定练习组数的基本准则是，能使运动员在最后一组练习时基本保持所规定的负荷强度。

间歇的时间安排有两种方式：一是每次间歇时间恒定不变；二是逐渐缩短间歇时间。采用逐渐缩短间歇时间的方式，可保持每次练习后血乳酸浓度达到最高值，并且恒定在一定高度，使练习的效果大增。

可采用段落相等的练习，也可采用段落不等的练习。采用段落不等的组合练习，顺序应从短距离开始，逐渐加长距离，有利于血乳酸的堆积和训练效应的积累。

第九章　青少年灵敏素质与协调素质训练

第一节　灵敏素质与协调素质释义

一、灵敏素质

灵敏素质又称灵巧或机敏素质，是指人体在各种突然变化的条件下，快速、准确、协调、敏捷、有效完成动作的能力，也可以解释为人体迅速改变体位，转换动作和随机应变的能力。它是运动员的神经反应、运动技能和各种运动素质在运动过程中的综合表现，是一种复合运动素质。

灵敏素质是人体综合能力的反映，受遗传因素影响很大。

二、协调能力

协调能力是指运动员机体不同系统、不同部位、不同器官协同配合完成练习动作或技战术活动的能力。协调能力和技战术形成之间存在着重要关系，它的好坏直接影响到技战术的形成和发展。

运动员的力量、速度、耐力水平是运动员体能水平的外在表现，协调能力则更多地体现着机体内部，以及机体与运动时的外部环境之间的协同状态。在平时的训练过程中注重协调能力训练的，能胜任更高的训练和比赛要求，更易发挥和保持运动成绩。

灵敏和协调素质是不可分割的，如果一个人的协调素质不好，他就不会表现出良好的灵敏素质，即使大脑能够做出敏捷的反应，由于身体的不协调，可能出现不能及时到位或者做出很笨拙的动作。而笨拙的动作并不是灵敏素质本质与外观的表现，可以这么理解，灵敏素质是软件"操作系统"，协调素质是硬件"工作系统"。

第二节 灵敏、协调素质的分类

灵敏、协调素质可分为一般与专项两类。

一、一般灵敏素质

一般灵敏素质是指人在各种活动中，能够在环境突然发生变化的条件下，迅速、合理、准确地完成各种动作的能力。它是专项灵敏素质发展的基础。

二、专项灵敏素质

专项灵敏素质是运动员在专项运动中，根据环境的变化，做出快速反应，迅速、准确、协调自如地完成本专项各种技术动作的能力。它是在一般灵敏素质的基础上，多年重复专项技术，形成稳定的自动化结果，做出的反应动作不经过大脑思考即可完成。

三、一般协调能力

一般协调能力主要受遗传影响，先天协调能力的好坏与神经系统的协调能力有直接关系，不易受后天影响。选择先天动作协调的运动员非常重要，因为一般协调能力是专项协调能力的基础，具有良好协调能力的运动员在学习运动技能上，比协调能力差的运动员容易得多。

四、专项协调能力

专项协调能力是指反应快速、省力、精确、流畅地完成专项技术和与专项技术密切相关的各种练习动作的能力。

第三节　青少年灵敏素质与协调素质训练的原则与进程

一、灵敏素质与协调素质训练的原则

（一）抓住发展灵敏素质的最佳时期

灵敏素质是在中枢神经系统的指挥下，各种能力的综合表现。神经系统是人体发育最早、最快的系统，青少年具有较快的反应能力，在动作速度、平衡能力、节奏感等方面都具有很大的发展潜力，这些都为发展灵敏素质提供了有利的条件，因此应抓住这一时期进行灵敏素质练习。

（二）结合专项要求进行训练

灵敏素质具有专项化的特点。经验丰富的教练员会针对专项灵敏素质的特殊要求安排灵敏素质训练，使训练效果与专项要求相一致。例如篮球运动员多做发展手的专门灵敏性训练，以提高手感和控球能力；足球运动员多做一些脚步移动和用脚控球的练习；体操、技巧等项目运动员多做一些移动身体方位的练习等。

（三）练习方法、手段应多样化并经常改变

灵敏素质与协调素质的发展与各种分析器和运动器官机能的改善有密切的关系。人体能否在运动中表现出准确的定向定时能力和动作准确、迅速变换的能力，都取决于各种分析器运动器官功能的提高。而人体一旦对某一动作技能熟练到自动化程度时，再用该动作去发展

灵敏素质的意义就不大了。为此，发展灵敏素质练习的方法应是多种多样的，并且要经常改变。这样不仅可以使人掌握多种多样的运动技能，还可以提高人体内各种分析器的功能，在运动中能够表现出时空三维立体中的准确定向定时能力，还能表现出动作准确、变换迅速的能力。

（四）合理安排训练时间

灵敏素质的训练在整个训练过程中都应该适当安排，使之系统化。但训练时间不宜过长，练习重复次数不宜过多。因为肌体疲劳时运动员力量水平会下降，速度将减慢，节奏感被破坏，平衡能力会降低，这些都不利于灵敏素质的发展。

（五）增加运动技能储备

运动技能的储备数量影响协调素质，运动技能的储存数量越多，协调性就越好。

（六）注意力集中

注意力集中，思维敏捷，协调性好。

二、灵敏素质与协调素质训练的进程——灵敏素质与协调素质练习的阶段性

灵敏素质与人体协调性、反应能力、平衡能力及基本运动素质发展水平关系密切。只有这些基本因素的水平得以良好发展，灵敏素质与协调素质才能表现出令人满意的结果。

神经协调对协调能力起相当大的作用，而神经协调主要受先天的制

约，不易受后天的影响；因此，遗传对运动员的运动协调能力影响很大。

协调能力是人体各机能的综合体现，是建立在形态发育和完善的基础上的。形态随着运动员生物年龄的成熟而生长发育，各器官系统的机能也随之得到完善，协调能力也随之发展；因此，生物学年龄和有机体各个部分生长发育的程度，直接影响到青少年运动员的协调能力。

平衡能力发展最快的时期是 6～8 岁，空间定向能力在 7～11 岁，节奏感在 6～12 岁，模仿能力在 7～12 岁，反应速度在 7～12 岁，协调性在 10～12 岁。因此，灵敏素质自然发展的最佳阶段为 7～12 岁。

第四节　提高青少年灵敏素质与协调素质训练的方法

一、灵敏素质的提高方法

通过对运动员根据各种信号改变动作的训练，可以提高大脑皮层神经过程的灵活性，并通过声音、光信号刺激等手段提高相应感觉器官的机能和熟练掌握多方面的运动技能，以促进灵敏素质的发展。在训练中，应注意以下几点：

（1）结合力量训练。灵敏动作一般会包括起动、急停、快速变向三个过程，如果适时地增加力量，则较容易克服这些动作过程中的阻力，而且力量较好，肌肉性能增强，可以更快地收缩，以获得更快的速度，同时灵敏性也随之增强。

（2）专门性训练。对于不同的运动项目，灵敏技能的要求是不同的，如篮球运动员及拳击运动员的闪、躲、腾、跃就完全不同。为了获得良好的训练效果，应该与专项训练紧密结合。

（3）结合反应训练。在实际的运动情境下，反应可分为两类：一类是对突然出现的刺激事先预知，并做出规律的动作反应，称为单纯反应，如田径中的听枪声起跑等；另一类则是动作不预定，依刺激条件而做出不同动作反应的复杂反应，称为复杂反应，如棒球、羽毛球等项目都需要因球的方向决定下一个动作。对于灵敏性的影响而言，复杂反应较单纯反应显得更加重要。可在跑、跳中做迅速改变方向的各种跑、躲闪、突然起动以及各种快速急停和迅速转身等练习。

（4）与爆发力结合的训练。爆发力是力量与速度的综合表现，由于在敏捷性的动作表现上，会不断出现起动、再起动的过程，因此具有良好的爆发力是提高灵敏性的又一重要条件。

（5）掌握正确的训练时机。灵敏性训练不宜在疲劳情况下进行，灵敏的动作过程，必须要求维持在最高的强度，疲劳时不但会降低训练效果，同时也会造成一些不必要的损伤。掌握正确的训练时机非常重要，对此在训练中应给予足够的重视。

（6）变换方向的游戏练习。采用各种变换方向的追逐性游戏和对各种信号做出应答反应的游戏等。

二、协调素质的提高方法

协调素质的提高方法有以下几点：

（1）结合专项做相反的动作练习，或者用非惯用手和脚进行训练，如足球运动员的左脚为非惯用脚，那么就采用左脚踢球。

（2）加大难度训练法。利用不习惯的组合，使原本习惯的重复动作复杂化。如中长跑运动员在训练时可不穿跑鞋，进行高强度段落训练，这样增大了小腿的运动负荷，从而获得更好的训练效果。

（3）采用放松练习。一般来说放松比紧张更困难，克服肌肉不合理的紧张，训练良好的调节肌肉的张力，这是保证动作协调、优美、节省能力的最佳方法，如体操、田径，越放松、越省力，动作就越舒展大方。

（3）教练员在安排技能学习时，要注意协调性练习应安排在训练课的开始，以利于运动员注意力的集中。

（5）应增加运动员运动技能的储备来发展协调训练。

（6）发展协调能力应与其他运动素质的训练结合起来。平衡能力、反应速度、弹跳力、动作速度、速度力量及关节的柔韧等运动素质与协调能力关系密切。

第十章　青少年运动员能力与训练

第一节　技术能力与训练

一、运动技术与运动员技术能力

随着科学技术的发展和营养手段的提高，运动员的身体素质和运动器械的改进，运动员的运动技术也在不断提高。运动员的技术能力是影响运动竞技能力的重要因素。运动技术的训练对运动员技术能力的提高具有重要作用。运动员的技术训练要遵循一定的原理。本章主要介绍运动技术的定义、特征、原理、动作要素及技术结构。

（一）运动技术的定义及基本特征

1. 定义

运动技术是运动员竞技能力的重要因素，是为实现既定目标而合理、有效地完成体育动作的方法。

2. 基本特征

运动技术与体育动作不可分割，这是运动技术区别于其他技术最显著的特征。运动员的动作技术只能通过身体动作表现出来，所以，又被称为"技术动作和动作技术"。运动技术具有如下主要特性：

（1）运动技术不断发展的必然性。随着科学技术的和营养手段的提高，运动器械设备改进和运动员的身心素质不断发展，运动技术也处在动态发展过程之中。

（2）运动技术的相对稳定与即时应变相统一。运动员的运动技术应具备相对稳定的动作结构。但在比赛中，运动员要根据比赛环境和对手的变化对动作技术有所调整。

（3）运动技术具有个体差异。运动员在身体形态、运动素质等方面具有不同特征，运动员的技术动作也具有显著的差异性。

（4）运动技术的综合性。运动技术是运动员运动能力的综合体现。运动技术的更好发挥需要运动员生理、心理等各方面能力的配合。

（二）运动技术原理

1. 生物学原理

目前一般认为，运动技术形成的生理机制，是运动条件反射暂时性神经联系，是以大脑皮质运动为基础的，因此，学习和掌握运动技术的生理学本质是建立运动条件反射。

2. 生物力学原理

运动生物力学认为，运动技术的生物力学原理是以下基本要素合理适宜匹配的结果，即：身体姿态，关节角度；身体及肢体的位移、运动时间、速度及加速度；用力大小及方向，用力的稳定性及动态力的变化速率；人体各环节的相互配合形式的方式；增大动力的利用率及减少阻力的技巧。

3. 心理学原理

目前，运动技术的心理学机制受到人们广泛关注。如运动技术的形成所需要的心理能力、认知心理的形成与发展，表象的形成与运用等对学习和掌握运动技术起着重要作用。

4. 社会学原理

运动技术服从的社会学原理主要是美学原理。技术美、动作美构成"运动美"。在体操、花样滑冰等以表现难美类项群的技能主导类项目训练和比赛中，对技术美的要求是极为严格的。

（三）动作要素与技术结构

1. 动作要素

动作要素是指构成动作不可缺少的各个因素，即动作要素包括身体姿势、动作轨迹、动作时间、动作速度、动作速率、动作力量和动作节奏等，详述如下：

（1）身体姿势。身体姿势指在完成动作过程中，身体或者身体各部分所处的状态及身体各部位在空间所处的位置关系。一个动作的身体姿势可分为开始姿势、动作姿势和结束姿势。开始姿势是指在完成技术动作之前，身体各部分所处的准备状态或姿态。开始姿势有些动作是规定动作，有些动作是以力求取得最佳理想效果而设计的自编动作。如竞技健美操、花样游泳比赛中的规定动作或自编动作等。开始姿势完整的好处在于使运动员在动作开始阶段身体处在最佳的有利位置，在完成动作前的注意力高度集中，为快速进入身心状态做好准备。动作姿势是指身体或身体各部分在完成主要动作时所处的状态。动作姿势大部分处于复杂多变之中，但有些是周而复始的。在非周期性的项目中，练习中的姿势有些是一个，有些是几个。例如，投掷铁饼时，预摆动作的作用在于获得旋转前的准备速度，以使其发挥最大肌肉力量；进行阶段是旋转和最后的用力动作，当旋转中和铁饼离手的一瞬间，这个阶段的动作就结束；结束阶段是铁饼掷出后，顺着惯性向左（右）转体使身体达到快速的平衡状态。在周期性的项目中，如速度滑冰中低姿势滑冰、自行车运动的低骑乘姿势等，都是为了减少外界的阻力，促进身体快速前进。结束姿势是指动作结束时，身体或身体各部分所处的状态。在某些复杂的动作中，一个动作的结束是另一个动作的开始，它直接影响下一个动作的顺利进行。

（2）动作轨迹。动作轨迹指在做动作时，身体或身体某部分所移动的路线。包括轨迹形状、轨迹方向和轨迹幅度。

（3）动作时间。指完成各个动作所需要的时间，包括完成动作的总时间和各个部分的延续时间。动作总时间是指一个动作从开始阶段到结束阶段所需的全部时间。动作各部分的延续时间是指在完成动作的某一环节所需要的时间。在完成动作时动作节奏的改变受动作各部分延续时间的直接影响，这个时候动作的危险性加大，失败率就会增大；反之，亦然。所以，要遵循运动技术动作时间的最佳值，使运动员的发挥处在稳定的阶段。

（4）动作速度。动作速度指在单位时间里身体或身体某部分移动的距离。动作速度包括平均速度、瞬时速度、初速度、末速度、角速度、加速度等。

（5）动作力量。动作力量指在完成动作时人体内力和外力相互作用的结果。人体内力主要有肌肉收缩的力，此外，还有关节牢固力、肌肉的动滞性产生的力，以及对抗肌的阻力等。人体外力主要有人体的重力、支撑反作用力、摩擦力及外界环境的阻力等。

（6）动作速率。动作速率指在单位时间内同一动作重复的次数。一般情况下，动作的速率越大，动作难度系数越高。速率是调节运动负荷的重要因素之一。速率的改变，可以带动练习的强度和人体的生理负荷改变。

（7）动作节奏。动作节奏是指完成动作过程中的时间特征，包括用力的大小、时间间隔的长短、动作幅度的大小及动作快慢等要素。

2. 技术结构

运动技术的动作结构，包括动作基本结构和运动技术组合，具体如下：

（1）动作基本结构。动作基本结构，是指单一性或周期性的运动技术的动作结构，如田径运动的跑、跳、投等或球类运动基本技术动作的动作结构。运动技术的基本结构均由技术基础、技术环节和技术细节三部分组成。技术基础是指构成技术的基本部分；技术环节是指组成技术基础中的各个分支部分，如准备、助跑、起跳、腾空、击球、落地等环节构成排球的扣球技术；技术细节是指在完成动作技术结构的前提下，根据动作需要所作的微调。技术细节处理得是否合理，直接影响人体完成动作的效果。相对于细节掌握，技术基础、环节就容易得多。技术细节把握的好坏，完全取决于运动员的心理素质、运动素质、运动经验和对技术动作各个环节作用的认识水平。

（2）运动技术组合。运动技术组合，是指由若干独立的技术动作联结组成的集合。运动技术组合结构，是指多元性技术的组合与联结方式。运动技术组合结构又可以分为固定组合结构与变异组合结构。运动技术固定组合结构，主要是指基于独立的（多元）技术动作之间的联结动作、方式、顺序为单一选择并且相对固定。组合技术内部联结的编排方式和质量是固定组合结构技术组合的关键。技能类难美性项群的所有运动项目技术组合的动作结构均属于运动技术固定组合结构。运动技术变异组合结构主要是指若干独立的（多元）技术动作之间的联结动作、方式、顺序为多项选择并且随机应变。组合技术内部联结的应变方式和串联质量是变异组合结构的技术组合的关键。技能类对抗性项群的所有运动项目技术组合的动作结构均属此类。

二、影响运动技术的因素

运动员运动技术的好坏受多种因素的影响。下面将从主体和客体两方面对影响运动技术因素进行阐述。

（一）主体因素

1. 人体结构力学特征

身体动作表现以人体解剖结构作为基础，是运动技术的主要表现形式。

2. 协调与平衡能力

运动技术的合理性依赖于参加动作的肌肉群的协调程度，而这种协调程度又依赖于神经系统对肌肉的合理而精细的支配，即协调能力。协调能力与神经系统的功能水平关系极大，而神经系统的功能是不易受后天因素影响的，主要取决于遗传因素，这是运动员协调能力个体差异很大的重要原因。

参与运动技术各肌肉群的协调程度，是影响合理完成运动技术的重要因素。大脑皮质神经系统对各肌肉群的合理支配是各肌肉群协调程度的基础，所以运动技术完成的合理程度主要取决于神经系统对各肌群的支配能力。神经系统较肌肉运动系统在后天的训练过程难以产生适应性改变。

技术动作的完成是一个复杂的、连锁的、本体感受性反射。这一反射的完成主要取决于神经冲动的发出频率、冲动的传递以及到达肌纤维的时间特征。三个方面协调配合才能顺利协调地完成技术动作，同时，完成的动作所对应的拮抗肌的神经支配处于抑制状态。运动技术取决于协调与平衡能力主要基于以下两个方面。

从生理学讲，协调能力是指运动员不同系统、不同部位、不同器官协同配合完成技术动作的能力。协调能力好，可以动员机能的储备，使大脑皮层很好地建立暂时性的神经联系，协调能力好，各动作的暂时性联系链接得越快，新技术就掌握得越快。

从运动学讲，协调能力好表明运动员所支配的神经冲动到达肌肉的时间与空间特征准确，这就保证运动员在学习新技术、新动作时，具有较强的支配能力与动作的感知能力，从而加快技术动作的掌握。平衡能力强，可以为技术动作的完成创造良好的条件基础，也是影响运动技术基础完成效果的重要因素。

需要特别指出的是，培养协调能力是技术训练的重要任务之一，对青少年运动员尤其重要。在青少年训练的发展阶段，不能过早的"专项化"，因为过度的专项化会使运动员的协调能力的发展受到局限，神经对肌肉的支配将局限在一个狭小区域，青少年运动员的协调能力和技能的发展空间将受到限制。运动员进入高水平的训练阶段时就会直接制约运动员运动水平的提高，所以要通过协调能力来加强专项运动技术的掌握。

3. 感知觉能力

运动员完成技术动作需要感觉和知觉的参与。在对技术动作的反复练习过程中，运动员的肌肉感觉起着一定的作用。在某些情况下，为了完成各种专项运动的要求，专门化知觉应运而生。在具有高度的感知觉能力前提下，做出的动作具有高度的准确性和协调性。在以往的运动实践中可以发现，运动员感知觉能力的高低，影响运动技术水平的高低。例如，在隔网对抗的球类运动中，小肌肉群的感知觉能力就影响运动员对高难度技术掌握的快慢与程度。

4. 动作技能的存储数量

运动员动作技能存储的数量越多，就越容易快速有效地掌握技术动作和建立新的条件反射，从而掌握新的技术动作，表现出良好的协调能力。

5. 运动素质的发展水平

技术动作的完成和完成质量的好坏，与动作速度、弹跳力、力量、柔韧等运动素质密切相关。技术完成过程中，时空感、节奏感及各部分肌肉用力的协调配合均受这些运动素质发展水平的影响。从某种意义上来说，运动员技术发展能力在很大程度上依赖于有关运动素质的水平。

6. 运动员个性心理特征

运动员掌握技术和完成技术的质量，与运动员的心理品质（注意力集中、思维缜密、坚定信心、意志顽强）有着直接关系，抓住运动员的个性心理特征才能够快速掌握高难技术，为创造优异成绩提供保障。

（二）客体因素

1. 竞赛规则和技术环境

任何运动技术，只有在竞赛规则允许的范围内才能存在和发展。无论是运动技术的创新、学习、训练、掌握还是运用，都必须在遵循规则的前提下进行。竞赛规则直接制约运动技术的发展方向和发展速度。在规则的前提下有效利用规则，进而预测可能发生的变化和即将带来的影响。

技术环境是指运动员（队）周边相关群体（国家、地区或运动队）的整体技术的发展水平。适宜的技术环境对于运动员学习、掌握和运用、创造运动技术都起着重要的作用。

2. 器材设备与场地

随着科学技术的快速发展，高科技的发展也渐渐渗透到运动训练的过程中，在特定条件下，运动员优异成绩的取得与在比赛与训练中所使用的器械有很大的关系，例如，乒乓球比赛中优异成绩的取得，与两面不同性质的球拍胶皮的使用也存在着密切的联系。所以，器材设备等物质条件的快速发展，为运动技术的提高提供了可能。

三、技术训练常用方法

运动员要取得优异成绩，需要采用合理的技术训练方法。选择技术训练方法要具有针对性。随着运动技术的不断提高，常规的训练方法已经渐渐不能满足运动员运动竞技能力的快速提高，应借助符合创新教育理念的新方法，在明确的目的性和针对性的前提下采用先进的训练方法，常用方法和特殊方法相结合，以提高运动员在运动技术练习中的行为动机和学习兴趣，为有效提高运动员的竞技能力作铺垫。

（一）直观法与语言法

1. 直观法

直观法是指利用运动员的感觉器官，使运动员建立对练习动作技术的直观表象，获得对练习动作的感性认识，从而帮助运动员达到正确思维、掌握和提高运动技术水平的一种常用训练方法。

应用直观法时应注意以下问题：

（1）根据每个阶段的具体条件和可能性，广泛利用各种直观手段，可以提高多感官的综合分析能力。运动员综合利用感觉器官的能力越强，越能较快地感知和掌握技术动作。一般情况下，各种感觉器官的作用具有一定的阶段性。

（2）运用直观法和启发运动员的积极思维相结合。感性认识到理性认识的过渡必须通过积极的思维才能形成正确的动作概念，以便准确地掌握动作。

（3）对于低水平和年龄较小的运动员可以注重用电影、录像视频和各种示范手段。

2. 语言法

语言法是指在技术训练中，教练员运用不同形式的语言，指导运动员学习和掌握技术动作的训练方法。其主要作用在于帮助运动员借助语言明确技术动作概念，保证完整的动力定型的建立。

运用语言法应注意以下问题：

（1）使用正确的专业术语。教练员要用正确恰当的词语来讲解技术动作的名称、过程和要领，这样才能够使运动员快速建立正确的概念，有效地掌握运动技能。

（2）精讲多练。教练员要尽量精讲多练，深入分析动作技术的要领，加深运动员对技术动作的理解，这样可以有效增加运动员的练习次数，提高训练的质量。在技术训练的过程中，练习密度的大小对训练效果起着重要作用。

（3）注意讲解的时机。在运动员的初级阶段，尽量较少使用讲解，让其多实践练习。在中高级阶段，运动员在大脑内对动作技术有了一定的意识、概念，加强讲解，便可以提高运动员对技术动作的感性认识。

（二）完整法和分解法

1. 完整法

完整法是指运动员不分部分和环节，练习技术动作的开始姿势到结束姿势，进而掌握运动技术的训练方法。其优点是一开始就使运动员建立完整的技术动作概念，不致影响动作的结构和各部分之间的联系。可以用于多个或单个动作的训练，也可用于成套和个人及集体配合的技术动作和战术配合的训练。

运用完整法时应注意以下问题。

（1）对于比较简单的技术动作，在安排练习时应注意练习形式的多样性和竞争性，培养运动员之间的良性竞争意识。

（2）对于比较复杂的技术动作，首先，在采用完整法时应降低整个技术动作的难度，使运动员在保持正确的基本动作结构的基础上，完成整个技术动作，建立自信心；其次，要提高练习的目标要求，对技术的核心环节质量要严加控制；最后，在练习较难的动作时，必要的保护与帮助，使运动员建立完整、正确的技术动作的本体感觉。

2. 分解法

分解法是指将单独动作或者组合动作的完整技术，或战术动作的配合过程科学合理地分成若干个环节或部分，然后对各环节或部分分别训练的方法。运用此法，其优点是可以缩短教学时间、集中精力完成专门的训练任务、提高学生学习的自信心，从而获得更高的训练效益。此方法主要用于较复杂的技术动作的练习，减少运动员开始学习的困难。

运用分解法时应注意以下问题：

（1）对于复杂动作，在采用分解法时应注意阶段的划分，保证技术动作的结构特点和各部分的联系不被破坏。

（2）一般情况下，运动员运动技术水平越高，分解练习的运用就越多。

（3）在技术动作复杂并且有危险性时采用分解法。

（4）在技术动作对身体能力要求比较高时可采用分解法。

（三）减难法与加难法

减难法是指在技术训练中，以低于专项技术要求的难度训练的方法。这种方法常用于低水平练习者的技术初学阶段。

加难法是指在技术训练中，以高于专项技术要求的难度训练的方法。这种方法常在优秀运动员训练中使用。

减难法与加难法可以采取整体减难或加难的方法提高课堂的教学质量。要根据运动员的实际情况来恰当安排。减难法主要是为了使运动员掌握基本技术动作，而加难法是为了提高运动员对技术动作掌握熟练程度和在比赛中的技术运用能力。

运用减难法与加难法应注意以下问题：

（1）对于初学者在练习技术中应首先采取减难法，以帮助初学者尽快建立完整技术动作的本体感觉，促进技术动作的掌握，提高练习的效率；而在一些较简单的技术动作训练时，则应多采取加难法，以不断提高运动员掌握技术动作的熟练水平和比赛中的应用能力。

（2）对于某一个技术动作，保持核心环节方面正常训练水平要求的同时，可以在次要环节方面适当降低难度要求，以便更快地掌握技术动作的核心环节。

（四）想象法与念动法

想象法是指在练习前，通过对技术动作要领的想象，在大脑皮层中留下技术"痕迹"，使技术动作完成得更为顺利和正确的一种训练方法。此种方法比较适用于优秀运动员。

念动法又称"表象法"，是一种心理训练的方法，是指运动员在头脑中创造出没有经历过的完整的正确技术动作表象。这种方法可以提高运动员的表象再现及表象记忆能力，使运动员的注意力集中于正确的技术要求，有利于提高心理稳定性，从而促进技术的掌握。美国圣约瑟大学心理学教授托马斯·塔特克曾说过，"80年代的体育世界中表象将是一个重要的特殊因素"。许多优秀运动员都曾采用这一方法收效甚佳，如奥运会跳高选手达威特·斯通斯、十项全能金牌获得者布鲁斯·德勒等。

运用想象法与表象法应注意以下问题：

（1）要与各种感觉相结合，即在头脑中对技术动作进行想象的同时，同步地与各种感觉相结合，把头脑中的想象变成运动器官的操作性活动。

（2）在运用该方法时应考虑不同年龄段运动员的接受能力。在运动员不能够很好完成完整的动作质量时，在头脑中重现的表象为教练员或者他人的动作，能更好地理解技术，体会动作，感受肌肉的用力。

（3）不断重复形成记忆。从德国心理学家艾宾浩斯绘制成的遗忘曲线得知，人的大脑的遗忘进程是不均匀的，在记忆的最基础阶段遗忘得最快，后来逐渐缓慢，到了相当时间，几乎不再遗忘。所以通过想象使完整的正确技术运动表象不断在头脑中重现，使头脑中对动作的记忆形成"潜移默化"的效果，最终形成长期记忆。

四、运动技术训练的基本要求

运动技术训练有一定的准则和要求，要遵循这些要求才能达到更好的效果。运动技术训练的过程是很复杂的，在技术训练的过程中要把握和处理好各种关系。本节阐述运动技术训练应遵循的九个基本要求。

（一）处理好基本技术与高难度技术的关系

基本技术是从事各个运动项目的基础，扎实的基本技术训练是运动员保持常高峰年限的重要条件。每个优秀运动员都进行过长时间的、系统的基本功训练。基本功训练到一定阶段，就要调整目标，向高难度技术进行挑战。难度类主导项目，对高难度技术要求更高。例如，我国跳水队在奥运会上取得成功的经验之一是，在训练中发展难度动作；在国际竞技健美操的比赛中，我国选手的难度动作的难度系数是相当高的。完成的质量高又体现出运动员扎实的基本功底，扎实的基本功可以让高难技术的发展速度更快，形成独有的绝技与风格。根据各个运动项目的技术特点、对象和训练阶段的具体情况，长期系统地抓基本技术训练，努力掌握高难技术，让基本技术和高难技术有效结合，才能不断提高技术的训练水平，创造优异的运动成绩。

（二）处理好特长技术与全面技术的关系

不同的运动项目存在着特长技术和全面技术。

特长技术是指在运动员所掌握的技术"群"中，那些对其获取优异运动成绩有决定性意义的，能够充分展现个人特点或优势、使用概率和（或）得分概率相对较高的技术。

全面技术是指组成专项运动的各个动作技术之间有着内在的联系，相互促进，相互影响，同时要求运动员要全面掌握组成专项运动中的各个技术动作。

在特长技术训练中，对一些技术仔细雕琢，已经成为运动员在比赛中获得高分的主要手段之一。技术全面对发展运动素质，提高运动成绩有重要的意义。所以，两者的有机结合可以有效提高训练的效果。

有关研究指出，高水平的田径运动员都有与其自身运动能力相适应的特点，发挥自身特长的技术特点，使得高水平运动员能够在某一项目上达到世界高水平。例如，世界著名男子跳远运动员鲍威尔、刘易斯，他们助跑时的步长与步频的关系处理、起跳的风格、起跳腿膝关节角度的变化等方面，都存在着很大差异。依据这些情况，在技术训练的过程中，教练员要有意识地培养运动员发挥其个人技术的专长。

技术全面更不能忽视掌握重点技术。在技术全面掌握的基础上，要有针对性地精练几种重点技术。重点技术很好地发挥是要靠全面技术作保障的，同样，能够系统地掌握和发挥全面技术也离不开重点技术的依托。重点技术应从以下三方面来确定：

（1）该项运动中带有关键性技术（如篮球的投篮、足球的射门）。

（2）根据比赛分工的需要（如足球守门员的扑、打、滚翻、接球等技术）。

（3）根据运动员个人特点，有利于发挥特长。

在掌握全面技术训练的同时应抓重点技术，如抓训练中专项关键性技术、分工技术、运动员特长技术等。在大力着手于特长技术训练的同时，更不能忽略全面地掌握专项运动中的各项技术这一重点。原因如下：

1）在专项运动技术动作群中，各种技术动作之间往往有着密不可分的内在联系，起着相互促进、相互影响的作用，我们把这种作用称之为运动技术的"转移"。对于一个看似没有必要掌握和了解的辅助性技术，反而可能会影响特长技术水平的发挥。运动技术的转移有两种情况：前摄效应和后摄效应。前摄效应指前一动作对后一动作产生的影响，后摄效应则反之。例如，先做侧手翻再做侧空翻，前者就会对后者动作产生积极的前摄效应，因为这两个动作都是在同一平面绕同一轴翻转且动作结构相类似。侧空翻技术掌握之后，反过来再做侧手翻就容易多了，这是侧空翻对侧手翻的后摄效应。因此，在系统训练运动技术的过程中，应充分发挥技术间的正转移，这样更有利于加快专项技术动作的掌握。

2）在运动竞赛中，技术是否合理是保证特长技术能否发挥的重要条件。有时运动员运动成绩的取得取决于水平较低的技术而不是较高的

（特长）技术。即运动员技术系统（技术群）在竞赛中所能发挥出的整体效应有时要服从"木桶原理"。所以说，随着运动训练实践的发展的需要，在平时训练中应要求运动员的特长技术和全面技术两者有机结合。

（三）处理好规范化与个体差异的关系

合理、规范和实用是所有运动技术都具有的特性。科学合理的运动技术必须符合力学和生物学的原理和规律。在这个基础上说，运动技术应该具有一定的规范，主体上是统一和一致的技术。

技术规范是一种理想模式的技术规格，是人们在技术训练时依据科学原理技术而总结的必须遵从的模式化要求。运动技术要符合技术规范提供的某些共性的标准，所以强调技术合理、规范和实用是所有运动技术都具有的特性。科学合理的运动技术必须符合力学和生物学的原理和规律。在儿童少年的学习技术训练的初级阶段，必须强调技术的规范化，还要重视个体的差异。因为某些特定的时期，一些运动员并不能同时具备一些特征，运动员的技术动作也很难完全符合技术规范的要求。因此，技术规范也只能为技术训练提供一些准则，指明一个基本的方向，而不可能深入到每名运动员的技术细节中去。

技术规范的模式并不是一成不变的，各种技术要素之间互为依托和相互补充，运动员不同的个体条件也对专项技术产生极大的影响。由于运动员在技术训练中存在着个人的特点即个体差异，在技术的掌握过程中，也许不符合技术规格的动作但对其本人的练习与进步确实是有效的。所以，在技术训练中除必须要求运动员按技术规格练习外，还应注意运动员的个人特点。

（四）处理好循序渐进与难点先行的关系

现代研究认为，在训练内容安排和训练方法手段的选择过程中，一般都要服从"学习—提高—巩固—再学习—再提高—再巩固"的程序。在各个技术的组成部分之间都有其自身的内在联系，所以要充分认识和利用这种内部存在的固有联系，沿着由低到高、由易到难的顺序练习，从而更有利于运动员打下坚实的基础。同样的，现代运动技术训练实践的发展告诉我们，上述教学顺序也不是一成不变的唯一模式，在某些条件或情况下，"难点先行"，即"先难后易""先深后浅"等模式，同样可以获得好的效果。

"难点先行"也绝不是不注重基本的技术，它只是一种技术训练的程序。这种训练程序的运用，运动员也必须具备一定的基本能力；在有些可能出现的运动损伤的项目中，如若运动员还没有通过基础训练获得较强的自我保护能力，若要练习高难技术，就必须采取有效的措施，防止造成运动中的损伤。归根到底，"难点先行"仍是"循序渐进"的一种特例，只是它是按照新的"序"来训练的。

（五）处理好合理的内部机制与正确的外部形态的关系

合理的内部机制，指运动技术在工作时要符合运动解剖学，运动生理学所指明的神经肌肉工作原理。运动技能形成的心理学原理和运动技能要具备有正确的外部形态，其意义表现在以下几个方面：

（1）外部形态和内部机制交互影响。在技术动作掌握的开始阶段，正确的外部形态对技术、技能的进一步形成具有重要意义。具有正确的外部形态技术，可向中枢神经系统发出对完成练习比较适宜的神经冲动，能顺利到达有关的神经和肌肉部位，会加快肌肉协调能力及动作力量、速度、耐力等方面的发展。

（2）对于技术的外部形态，通常用运动生物力学方法，如运动的轨迹、幅度、加速度、打击点、打击力量等描述，并且通过以上指标来描述技术动作在经济性和实效性等方面的特征。

（3）"技术美"在很大程度上是通过外部形态来体现的。特别是在表现难美项群的项目中，如体操、花样滑冰、水中芭蕾等项目中更是如此。

特别要指出的是，体育教育专业的学生在对动作的学习和训练时，更要注意正确的外部形态，以便在走上工作岗位后可以正确地示范，给学生带来积极影响。

第二节 运动员战术能力与训练

一、竞技战术概述

竞技体育战术已成为体育运动比赛取胜的重要原因，有时可能成为决定性因素。在竞技体育研究领域中，对体育战术的研究极其丰富，但具体而言，还仅限于单项运动项目比赛战术的研究，对竞技体育战术的整体研究匮乏，且大都是局限在比赛中战术方法的研究，所以缺乏全面性和系统性。对竞技体育战术全面、系统、科学的研究，是现代竞技体育运动发展的需要。

（一）竞技战术的定义

竞技战术是指在比赛中为战胜对手或为获取期望的比赛结果而采取的计谋和行动。

（二）竞技战术的构成

竞技战术由战术理念、战术指导思想、战术意识、战术知识、战术形式和战术行动等构成。

1. 战术理念

战术理念指对比赛战术理解、战术成效及应用条件等认知与思考后形成的理念。战术理念的形成与运动员、教练的竞赛经验、个人素养、认知方式和思维方法等有着密切的联系。运动员、教练员的战术理念对其战术制定、战术思考、战术执行等战术活动有着重要指导意义。

2. 战术指导思想

战术指导思想指在建立在战术观念的基础上，根据比赛情况提出相应的战术运用的理念和准则。基于对战术规律的认识，指导思想是对战术执行的规范或约束，明确地体现战术制定者的战术观念。

3. 战术意识

战术意识又称战术素养，是指运动员在比赛中为完成战术目的而选择自己战术行为的思考过程。具备较强战术意识的运动员，一般体现在面对复杂多变的比赛环境能及时准确地根据临场情况，随机应变，迅速而准确地决定自己的战术行为（包括个人行动及与同伴的配合行动）。

4. 战术知识

战术知识是理解和运用具体战术的基础。教练员、运动员的战术知识储备的广度与深度，直接决定其指定战术方案的合理性、灵活性和有效性。

5. 战术形式

战术形式指战术活动中具有相对稳定的形态和结构的行动方式，如篮球战术中的掩护、盯人、联防等形式。

6. 战术行为

战术行为指为达到特定战术目的而采用的动作、动作系列或动作组合。

（三）战术的分类

1. 按参与战术行动的人数分类

确立这一分类标准至少考虑两个基本点，一是执行相同战术任务，二是参与行动的人数的多少。由此标准可以分以下三种类型：

（1）个人战术。个人战术是指一个人参加和完成的，为完成某个战术任务所采用的各种行事方法。个人战术主要体现和应用在一对一的竞赛项目和个人运动项目之中，例如，网球、游泳、体操、马术和跆拳道等项目的个人比赛。个人战术在运动项目中有不一样的展现方式，在个人的项目之中，个人战术主要按照对手的特点和比赛的情况采用有针对性的战术。在这些项目中，比赛双方相互制衡，又相互击破对手的制衡，在这种制衡与反制衡中，个人战术主要以控制对手而不被对手控制为其主旨。如2006年温布尔登网球公开赛中，中国的李娜针对法国选手阿扎诺性格内向、冷静、技术全面的特点和擅长防守还击的打法，运用假进攻、假紧逼的战术，使对手的防守还击难以有效，趁对手拿捏不定时突然施以快攻，结果以6：2、6：0获胜。在其他个人项目之中，其个人战术的最基本的出发点是由运动员本身的特点而决定的。

（2）小组战术。小组战术主要是指几名运动员相互完成同一个战术任务，运用协同合作所完成的各种行动方法。在团队运动竞赛项目中，小组战术是一类非常重要的战术，它几乎贯通于整个竞赛过程的始末。从人员构成的特点来看，小组战术通常有固定配合和随机配合两种不同的表现方式。乒乓球、羽毛球、网球等项目的双打比赛，是固定配合的典型。随机配合方式是在人员搭配的数量上可多于两人，并且不局限配合人之间的关系。因此，随机配合方式具有很大的灵活性和变通性，在整个行动过程中，随机有可能参与更多的人员或者使一种战术形式转化为另一种战术形式，这种变通性和灵活性给对手的判断带来很大困难。随机配合方式在多人参加的团体项目，如篮球、排球、足球、冰球、水球、曲棍球等项目中表现得尤为明显。在体能类竞赛项目中也有这种小组战术，如自行车团体赛的领先战术、长跑和竞走中的领跑战术等，这种小组战术主要是通过同队队员领先的方式，有意识破坏对手的习惯性节奏，为同伴的最后冲刺创造条件。

（3）团队战术。团队战术，是指参加比赛的同队的每一个队员，按事先的分工和统一的部署共同完成各种战术行动方法。这种战术也称全队战术，它反映一个队的整体打法，在团竞赛项目中表现得尤其明显。团队战术的典型例子是阵形，比如，手球运动之中的"一五阵型""一线防守""盯人防守"等；篮球运动中"2—3"联防、"3—2"联防、"2—2—1"联防以及全场盯人、半场盯人、区域紧逼等；足球运动中也有"4—2—4""4—3—3""4—4—2"等布阵方式。通常，在团队战术中也包括个人行动和小组行动，但在团队战术中，个人行动和小组行动都要符合整体行动的需求，并按一定的规则和原理实行，不然，个人的行动就会破坏团队战术的整体性，使布局出现漏洞，给对手可趁之机。

2. 按战术的攻防性质分类

在对抗性的竞赛项目中（包括球类项目和一对一项目），进攻与防守战术是组成整个战术系的基本元素，它们是统一在竞赛过程中的一对主要矛盾。运动员的整个活动过程几乎都是由这两种二选一的行动所组成，即除了进攻就是防守。因此，在这一类项目中，所有的战术或者被归为进攻一类，或者被划为防守一方，故而可以把战术分为进攻性战术和防守性战术两种基本的战术类型，详述如下：

（1）进攻性战术。进攻性战术是指以得分为目的行事方法。这种战术通常在己方控制球或对手出现某种弱点和漏洞时运用。无论是在球类项目中还是在拳击、摔跤、击剑、散打等一对一项目中，进攻性战术往往都具有主动的含义，因为在这些项目中，只有进攻才有可能得分，换言之，要得分就必须进攻。因此，进攻性战术都是围绕着如何得分这一具体的行动目标而实施的。从组织方法上讲，进攻性战术通常有个人进攻和配合进攻之分，个人项目是以个人进攻战术为基本行动，团体竞赛中以配合进攻战术为主，辅之以个人进攻战术。通常，这两者是不可分割的。

（2）防守性战术。防守性战术是指在被对手进攻的情况下，通过个人行动或集体协作，阻止对手得分的战术行动方法。防守性战术通常包含填补漏洞和修正错误的战术行动。防守性战术从本质上讲并不是一种完全处于被动状态的战术行动（除非是完全不想进攻时，情况才会如此）。在一些项目中，如排球比赛组织拦网球战术不仅有阻止对方进攻的含义，同时也是直接得分的手段和方法。因此，不能把防守战术看作一种被动战术。一般言之，防守性战术不仅有限制对手发挥特长的功能，而且是争取有利条件的行动过程和寻找打击对手的弱点的过程。意大利足球曾采用防守反击的战术击败所有对手而荣登第 12 届世界杯冠军的宝座。

3. 按战术所发挥的作用分类

按战术的作用分类的方法，必须最适合实践的需求，但由于战术本身的形式多样，其发挥的作用往往又随具体情况而发生改变。因此，我们不能把战术的所有形式和具体情况联系起来解析，而后归类。我们只能列举其主要的用处并以此分类，大致可以分为下述几类：

（1）掩护性战术。这是指在竞赛过程中，借助某种行动为同伴或自己创造时机和条件的某种行动方法。掩护性战术又可分为直接掩护和间接掩护两种，直接掩护是用自己的身体挡住对手的活动路线，以帮助同伴摆脱防守和获得有利的位置的行动方法。如在篮球、足球、冰球，水球等有身体接触的团队竞赛中，直接掩护是协助同伴进攻的有效战术，甚至在自行车团体赛和长跑、竞走等项目的小组作战的情况下，也常采用这种掩护战术。间接掩护则是以自己的某种行动去吸引对手的注意，从而使同伴或自己顺利地获得有利的时机和位置的行动方法。这类战术的主要目的是迷惑对手，使其在判断上失误，导致行动上的漏洞，以便使自己一方有机可趁。这类战术往往有掩饰自己一方真实意图的作用，因而具有"明修找道，暗度陈仓"的谋略意义。

（2）拖耗性战术。这是指在竞赛过程中，利用自己有利的条件抑制对手的发挥和目标行动达成的行动方法。拖耗性战术通常在两种情况下使用：

1）比赛时间有严格的规定的运动竞赛项目中，场上情况于己方有利时采用。此时采用这种战术的目的，通常不是为了扩大战果，而是为尽量控制场上的局势，从而把己方已获得的优势延续至比赛结束。如篮球、足球等项目所采取的放慢节奏、频繁倒手（脚），力求尽量长时间内控制球的战术性行动。拳击等项目中当得分多于对手时采用的躲闪、避让等行动都可视为此类拖耗战术。在这种情况下，拖耗战术是一种保护性战术。

2）在了解对手的特长时，利用自己的特长（体能上的和技能上的）调动对手以抑制对手特长发挥的战术性行动。这时所采用的各种行动方法的目的主要是从体力上或者从意志上拖垮对手，使对手处于身体疲劳或者心情烦躁的状态，寻机攻击对手。这种拖耗战术在隔网对抗的个人项目，如乒乓球、网球、羽毛球等比赛中尤为常见，例如，羽毛球中的打"四方球"战术；乒乓球的中近台逼角反攻战术，等等，都属此类战术。

（3）试探性战术。这是指为探明和了解对手的基本打法和习惯性行为方式而采取的战术行动方法。在竞赛活动中，对抗的双方都力图把握对手的特点和实力，这就需要采用一些具有试探性的战术行动，诱使对手暴露出自己的习惯性行为方式和打法的特征，以便抓住对手的弱点和不足之处给予打击。这类战术在对抗性项目中运用十分广泛，特别是在比赛的开始阶段以及对抗双方彼此都不是十分了解的时候使用最多。但是，这类战术没有某种具体而明确的战术形式，在不同的项目中，根据不同的情况和对手，试探性行动会以不同的形式出现。如乒乓球比赛中可能用攻正反手、打长短球等方式来试探对手，以观察其打法上的特点和不足。

（4）心理战术。这是指为达到影响对手心理状态和过程为目的而采用的行动方法。我们知道，在竞赛活动中，人的行动都是在意识支配下的随意行动。心理战术的作用在于通过对对手心理上的影响，致使对方在心理状态上发生不良变化，从而导致对方在信息处理上出现误差和行动上出现失误。特别是在现代竞赛中，由于对抗双方在体能和技能上的差别不大，竞技能力的发挥往往取决于双方的心理状况，而人的心理状态不像身体训练水平那样稳定、持久。在许多情况下，外界环境的细小变化都可能引起心理上的变化，而心理上的变化又会导致行为上的变化。因此，心理战术才会日益显示它的重要作用。心理战术在竞赛过程的多种情况中都有运用，甚至在对抗开始之前，对抗的双方就会采取一些方法来影响对手的心理。如在赛前练习时采用某种特殊的练习方法来显示己方的实力、技巧，试图给对手造成无形心理压力。心理战术同样也没有一种专门的模式，有时采用同样的方式可能给对手带来的心理影响却有所不同。因此，采用什么方式去影响对方得视具体的情况和对手的心理状态而定。如 2001 年我国男足在世界杯外围赛的小组赛中，充分显示前锋速度快、能力强、进球多的威力，引起对方的注意。而到十强赛时又主动变阵，利用前锋吸引对手的防守拉开空档，做后插上的战术配合，屡屡建功。又如在拳击比赛中，有的选手采用激怒对手的战术，以求对手在盛怒中失去冷静而漏洞百出。但这种方法只对情绪不稳定的选手有效，而对意志坚定、沉着冷静的选手来说，采用这种方式可能适得其反。可见，心理战术的实施之关键在于对对手个性特征的了解，只有在知己知彼的情况下，才有可能使心理战术发挥正常的效果。

（5）体能分配战术。这是指在竞赛过程中以合理地分配体力来获得良好比赛成绩的行动方法。体能分配战术是耐力性项目中常采用的战术，在一些技术要求较高的项目中，如跳高、举重等，体能分配战术的表现方式则有所差别。在耐力性项目中，战术行动的安排主要依据运动员本身的竞技状态和竞技能力水平以及比赛习惯，同时，也要考虑竞争的主要对手的特点。因此，这类战术在一般情况下是事先计划安排的。如果在竞赛中情况与预计的有所变化，运动员就要根据实际情况改变自己的行动。在跳高（包括撑杆跳）、举重等项目中，体能分配战术是以免跳和免举的方式表现的。采用这种战术的目的在于尽可能用较少的试跳、试举次数达到最大高度和最大重量。因为这些项目的共同特点是越往后困难越大，而且像举重项目还有试举次数的限定。所以，运动员必须有计划地安排自己的试跳或试举的次数，争取能在自己体能最佳的时刻与最好成绩（就行动者本人而言）的高度和重量到来的时刻相吻合。

按战术的作用分类，还可以分出许多种类，如协防战术、快攻战术等，在此不再一一罗列。应明确的是，任何分类都只有相对的意义，特别对于竞赛这种具有复杂体系的事物来讲，任何分类方法都难以穷尽每一种战术。因此，我们采用多种分类标准来分门别类，就可能在这种标准的划分中把某种战术归为了这一类，而在那种标准的划分中又把它划成了另一类。我们还可以根据自己的实践需要，确定一种分类标准，并按照这个标准，把自己专项的各种战术划分为不同的类型。

（四）运动员战术能力的影响因素

1. 军事学与谋略学因素

"战术"一词原本就是军事术语。运动竞赛就其对抗性本质而言，就是一种"对局"，就是一种"博弈"。军事学、谋略学主要在以下几个方面对比赛战术及战术能力产生影响。

（1）知己知彼，百战不殆。《孙子·谋攻》说："知彼知己者，百战不殆；不知彼而知己，一胜一负；不知彼，不知己，每战必殆。"运动竞赛中，透彻地了解对手及本方的各种情况，是制胜的先决条件。

（2）奇正。《孙子·势》说："凡战者，以正合，以奇胜。故善出奇兵者，无穷如天地，不竭如江河……战势不过奇正，奇正之变，不可胜穷也。"

（3）攻守。攻与守，是运动竞赛中的一对基本矛盾。在技能主导类同场对抗、格斗对抗、隔网对抗项群中，攻守问题是训练中需要解决的重要问题。

（4）虚实。兵不厌诈、避实击虚、出奇不意、攻其不备、虚虚实实、真真假假等，都是竞技战术中常用的计谋。战术的灵活性也通过这些方面表现出来。《孙子·虚实》说："兵无常势，水无常形；能因敌变化而取胜者，谓之神。"

（5）得失。一个成熟的运动员、一支成熟的运动队，在考虑战术运用时，往往首先是创造条件，不给对手任何战胜自己的机会，在使自己立于不败之地的基础上，想方设法捕捉任何可能战胜对手的机会。

2. 心理学与思维科学因素

心理学与思维科学因素对竞技战术的影响极大。心理能力和思维能力是运动员学习、掌握和运用战术的基本保证。大量的科学研究表明，心理学与思维科学主要因素包括如下几类：

（1）神经类型。不同神经类型的运动者在运用战术方面的特点是不同的。因此，根据项目或者运动角色的需要，适当考虑运动员的神经类型是完全必要的。

（2）注意。运动员注意品质同其观察能力密切相连。扩大注意视野、注意力的高度集中及迅速转移等都是培养和加强战术注意的重要因素。

（3）智能。运动员的智能与其技术学习能力、战术理解和运用能力有着密切的关系。

（4）学习能力。现代心理学认为，学习能力也是一种心理能力。学习、掌握竞技战术同运动员的学习能力有很大的关系。

（5）思维能力。战术意识是一种思维过程。相对于人类其他思维活动，运动员在战术活动中的思维，有非常明显的特征。

3. 形态学与体能、技能因素

（1）形态学因素。在一些项目中，运动员形态特点对战术的采用具有很大的影响。如篮球比赛中"高中锋"战术、排球比赛中"高举高打"战术等，无一不是以运动员的高大身材为前提。

（2）体能与技能因素。体能与技能因素包括身体能力和技术能力。体能在很多项目比赛中，是采用战术或实施战术配合的重要先决条件。如"快"在球类项目比赛战术中起着非常突出的作用，而运动员的"速度"能力则决定着能否"快"及"快"到什么程度。

实际上战术就是技术的有目的的运用。技术风格决定战术风格。战术的多样性决定于技术的全面性，要想运用灵活多样的战术就必须有全面的技术作支撑。所以，战术的应用应充分考虑自身的技术条件。

二、战术训练方法

战术是由基础配合组成，熟练的技术是实现战术顺利完成的基本保证，熟练掌握技术和配合技术是战术教学训练中的重要部分。运动队每个运动员要掌握一定数量的战术形式和配合方法，才能不断提高战术变化和战术水平。

（一）分解与完整训练法

分解战术训练法，是指将一个完整的战术组合过程划分为若干个相对独立的部分，然后分部分练习的方法。这种训练法常在学习一种新的战术配合形式时采用，其目的在于让运动员掌握某种战术配合的基本步骤。

完整战术训练法，是指完整的战术组合练习的方法。这种方法常在运动员已具备一定的战术知识和战术能力后采用，其目的在于使运动员能够流畅地完成整个战术组合过程。

（二）减难与加难训练法

减难训练法，是指以低于比赛难度的要求训练的方法。这种方法常在战术训练的初始阶段采用，如在同场对抗性项群的球类项目中，最初可在消极防守或不加防守的条件下完成战术练习，待运动员掌握战术的基本步骤后，逐渐加强防守，提高难度以达到比赛要求。

加难训练法，是指以高于比赛难度的要求训练的方法。这种方法的目的是提高运动员在复杂困难的情况下运用战术的能力。采用的方式一般有限制完成技术动作的空间和时间条件（如限制场地、缩短时间等）；与不属同一级别的高水平运动员或运动队对抗；采用比正式比赛条件更严格、更困难的标准训练等。

(三) 虚拟现实训练法

这是指运用高科技设备，将未来可能出现的比赛场景提前在计算机屏幕上"虚拟"出来，从而帮助运动员提高预见能力，以及在各种情况下灵活有效地运用战术能力的训练方法。这种方法目前在德国、英国等足球队中运用得较为普遍。可以预见，随着高科技手段在运动训练和竞技比赛中的广泛渗透，虚拟现实训练法也将在更多项目中采用。

(四) 想象训练法

这是一种心理学训练方法。这种方法是在运动员大脑内部语言和言语的指导下进行战术表象回忆，能够帮助运动员在大脑中建立丰富而准确的战术运动表象。

(五) 程序训练法

这是近年来从教学领域引进的一种训练法。在运用程序训练法进行战术训练时，除应遵循由易到难、由简到繁、从固定到变异的一般性程序外，还应特别注意编制不同项群战术训练的特殊程序。

体能主导类项群可考虑采用如下训练程序：不同战术方案选优→重复熟练→不同情况下实施战术训练→在实战条件下训练。

技能主导类对抗性项群可考虑采用如下训练程序：无防守训练→消极防守训练→积极防守训练→模拟比赛训练→实战训练。

（六）模拟训练法

指在获得准确情报信息的基础上，通过与模仿重大比赛中主要对手的主要特征的陪练人员对练，及通过在与比赛条件相似的环境中的练习，使运动员获得特殊战术能力的一种针对性极强的训练方法。

随着运动训练实践的发展，模拟训练方法的应用范围逐渐扩大。它不仅应用于技能主导类格斗对抗、隔网对抗、同场对抗类项群的战术训练之中，而且在体能主导类项群中，为使运动员能针对比赛场地、气候、日程安排等具体情况做有效的战术准备，模拟训练也在逐渐开展。

（七）实战法

这是指在比赛中培养战术能力的方法。这种方法可使运动员对战术的理解更为深刻。在参加重大比赛前，往往安排一些邀请赛或热身赛等，其目的是演练将在重大比赛中使用的战术，以检验其有效性。

（八）战术隐蔽

从某种意义上讲，赛前隐蔽是一种有意识地隐蔽（不让对方了解）本方的真实情况，以达到在比赛中争得主动、出奇制胜等战术目的的战术行为。赛前隐蔽的内容有：技术隐蔽，即不让对方了解本方的创新技术或关键技术；战术隐蔽，即不让对方了解本方的常用战术，尤其是不能让对方了解本方针对其制定的特殊战术；人员隐蔽，即不让对方了解可能对其构成威胁的本方人员（尤其是新手）的情况；阵容隐蔽，即不让对方了解正式比赛中本方主力阵容及替补阵容；器械隐蔽，即不让对手了解本方在比赛中将使用何种性能的器械。

三、战术训练的基本要求

战术训练是有目的、有意识地使用技术的训练过程，是实现技术训练向实战技术过渡的重要阶段。比赛中，需要技术质量，更需要运用技术的方法，这就是战术，换言之，战术是活的具有实战技术的表现。

（一）把握项目制胜规律

运动训练（包括战术训练）的主要目的是：在教练员的指导下，全面发展运动员的身体素质和提高专项运动技术水平的过程。运动训练的直接目的，是为了不断提高运动员的运动技术水平，创造优异成绩。其任务如下：

（1）不断提高运动员各器官系统的机能，发展运动素质。

（2）加强培养运动员独立训练的能力。

（3）时刻进行道德和意志、品质教育。

（4）密切掌握和提高专项运动的技术和战术，以及有关的理论知识。

上述四个方面的任务是紧密联系、互相促进，又都是以创造优异成绩为目的的。因此，训练的内容及采取的方法、手段等都具有专门的性质，并要求运动员承担很大的运动负荷，训练中的成绩要能在正式比赛中表现出来。这是战术训练最基本的要求，也是形成正确战术观、正确制订战术方案、正确实施战术训练、在比赛中正确运用战术的前提条件。

所谓制胜规律，是指在竞赛规则的限定内，教练员、运动员在竞赛中战胜对手、争取优异成绩所必须遵循的客观规律。制胜规律组成包括如下两个方面：

（1）制胜因素。制胜因素是对专项成绩有决定性影响的因素。这些因素是人们在对专项比赛的各种特性深入研究后归纳总结的。我国部分优秀竞技项目在认识、发掘和把握制胜因素方面走在其他项目前面，例如，乒乓球技术中的"快、转、准、狠、变"，排球技术中的"高、全、快、变"，这些都是我国优势项目能居于世界先进水平的重要原因之一。例如，长跑运动员的"匀速跑""先慢后快（持续加速跑）""甩掉尾巴（领先跑）""紧跟领跑者（跟随战术）""最后冲刺战术"等。

（2）制胜因素间的本质联系。这种联系是相对复杂的，因为制胜因素都有若干个，它们相互促进、相互制约有时又互相矛盾。技能主导类同场对抗、格斗对抗、隔网对抗项群等这些项目的制胜因素具有一个非常明显的特征：每个因素都包含着明确的战术含义。在任何一项目中，制胜因素都不可能是一个或两个的存在的，而是一个"因素群"。因素群是由多个因素相互结合构成独特的结构，体现特有的表现。若干个因素之间，存在着必然性的联系，这些联系以不同的方式表现出来，有的是相互促进，有的是相互制约，有的相互矛盾。正确地认识和把握这些关系，才能遵循制胜规律，才能有效地开展战术训练。例如，排球项目中的"高"，除必须选拔"高大运动员"之外，还有采用"高举高打""高点强攻"战术的含义；足球、篮球等项目中的"高"与"快"的关系，网球、羽毛球等项目中"快"与"准"的关系，击剑、拳击等项目中"狠"与"准"的关系等。在认识制胜因素及其关系时，要特别注意各因素内涵的发展情况。例如，目前在对技能主导类项群隔网对抗项目"快"的理解上，除了以前内涵中已有的球速快以外，还从抓"适应与反适应"（即最大限度地适应对手、最大限度地不让对手适应自己）这对主要矛盾发出，赋予"快"以"战术变化快"（在有效的前提下）、"节奏变化快"等新的内容。这些都是战术训练时应该注意的。

我国体育竞技运动的发展始终离不开制胜规律的研究，特别是同优势项目的发展息息相关。广义的制胜规律是指项目的普及、提高和发展与其影响因素之间的本质的、必然的、稳定的联系；狭义的制胜规律，是指项目竞技体育比赛的取胜与其影响因素之间的本质的、必然的、稳定的联系。制胜规律是规律在竞技体育领域的特殊表现，它具有规律的基本特点，如客观性、普遍性、内在必然性、历史性、可重复性等，此外，它还具有一些自身的特点：天然性、经验性、复杂性。对于广义制胜规律来说，后备人才培养、训练、竞赛、管理等是制约现代项目健康发展的核心要素，是我们分析和研究的重点；对于狭义的制胜规律来说，运动员的竞技能力、教练员的行为以及参赛行为是我们研究的重点。无论是广义制胜规律的研究，还是狭义制胜规律的研究，对这些研究重点（制胜因素）的分析过程就是制胜规律的提炼过程。制胜规律的提炼需要以下五个步骤：定本质、定对象；析要素，找联系；确定本质联系；论证做出结论；投入实践检验。竞技实践的复杂性、不确定性、不可逆性决定指导竞技实践的制胜是一件非常复杂的事情。

（二）培养战术意识

战术意识是指运动员在发挥技术的过程中，支配自己的行动，并带有一定战术目的的心理活动。战术意识是运动员在运动实战中所具有的经验、才能与知识的反映，是运动员在比赛中判断能力、应变能力、合理地运用技术和实现战术等能力的概括。培养运动员战术意识是战术训练的中心环节，战术训练的目的不仅是掌握各个战术系统和各种攻防战术的打法，更重要的是培养运动员的战术意识。由于战术意识支配着运动员场上的一切行动，显然有其特殊的重要性。培养运动员的战术意识，是战术训练的中心环节。培养战术意识的方式有：比赛中战术变化的规律及应变措施、专项战术的发展趋势、系统了解专项竞赛基本规律与战术特征、积累专项战术理论及经验知识、大量而熟练地掌握基本战术等。战术意识的培养与运动员的思维活动密切相关。从某种意义上讲，战术思维是战术意识的核心。因此，运动员的战术思维能力水平决定其战术意识水平。具体而言，运动员思维的灵活性、预见性和创造性等是其战术意识的决定因素。从运动训练实践看，"想练结合"是培养运动员战术思维的行之有效的手段。

篮球战术意识具体表现在全面观察场上比赛情况的基础上，迅速做出正确的判断，通过战术思维活动及时地采取相应的、恰如其分的对策，合理运用身体、技术和与同伴协同配合的能力及有创造性地运用新的手段、方法和措施。现代篮球战术意识分为进攻战术意识和防守战术意识。进攻战术意识是指运动员在比赛中，通过战术的形式对对手攻击时所表现的一种强烈的欲望和行动能力。

进攻战术意识包括快攻、阵地进攻和衔接段进攻的战术意识。快攻战术意识是在由守转攻的一瞬间，运动员在特殊的快速反击的强烈愿望的驱使下，迅速做出反射性的行动。它是运动员在长期的专门训练和比赛实践中，经过积极思维加工提炼积累的。这种意识表现在战术的每一个环节上。如：掷界外球快攻时，队员要有迅速拿球掷界外球打反击的意愿和行动；抢篮板球发动快攻时，中锋队员抢到篮板球后，要有迅速面向反击方向发动快攻第一传的愿望和行动；前锋队员从守转攻的一瞬间，要有快速向前场疏散跑位和运用各种攻击手段与同伴组成快攻配合的愿望及行动的能力。阵地进攻的战术意识指进攻队快攻未成，人球进入前场防守已布阵，进攻队针对对方的防守战术形式，按照自己既定的进攻战术，有步骤地组织进攻所表现出的强烈愿望和行动能力。阵地进攻战术意识主要表现在移动中灵活运用掩护、策应、传切、突分等配合，对人员多少、方向、位置、角度、路线以及时间、空间的变化正确的判断和良好的感觉。衔接段进攻战术意识，是指运动员介于快攻与阵地进攻之间的一种抢时间、追着打的前场进攻战术的强烈愿望和行动能力。它的战术特点是简练，并具有突然性。在衔接段进攻中，由于参与抢攻的人员不固定，进攻的区域也不固定，战术的形式又具有连续、快速和机动灵活性，因此，对运动员的战术意识要求较高。

防守战术意识，是指运动员在比赛中，通过战术的形式对对手防守时所表现出的一种强烈的欲望和行动能力。防守快攻战术意识，是指运动员由攻转守的瞬间组织起来的阻止和破坏对方快攻的防守战术时所表现的强烈的愿望和行动能力。防守快攻战术意识主要体现在运动员的积极主动的精神、强烈的战斗作风，合理地运用封、堵、夹、抢、断等技术，密切地相互协作配合，并针对场上情况随机应变。防守阵地进攻战术意识，是指运动员积极能动地运用迫、逼、堵、截、封、盖、抢、打、断等个人防守技术的同时，又具有与同伴协同组成抢过、关门、交换、保护、围守、夹击、补防等战术配合意识。这种协同配合的防守欲望和协同配合防守行动，所表现的对具有攻击性的防御战术的熟练运用和掌握其应变性，是防守阵地进攻战术意识的核心所在。

（三）培养战术运用能力

在运动训练中，应该把培养运动员在各种复杂且艰苦的条件下合理运用战术的能力作为一项重要的任务。这也是在战术训练中贯彻"练为战"思想的具体要求。战术运用的基本要求如下：

（1）有目的性、针对性。任何战术的运用都必须有明确的目的性，做到有的放矢。战术行动合理、针对性强，做到特定战术解决特定问题。

（2）高度的实效性和高度的灵活性。战术运用的目的是制胜，因此，应以能否达到制胜目的为准，力戒华而不实。能根据场上千变万化的局势，灵活机动地坚持运用有效战术，力争主动、避免被动，使战局向有利于本方的方向发展。战术意识的培养方法：通过进攻战术训练培养篮球战术意识，进攻是篮球比赛中克敌制胜的重要手段。

运动员进攻意识强，比赛的获胜系数就大。因此，在进攻训练中培养运动员的意识十分重要。在实施进攻训练时，首先要让每个队员都明确自己的进攻范围、任务、跑动路线和谁是本队的投篮手，知道什么是好的投篮机会，应如何把握每个机会迅速投篮，如何有目的地行动。应做到：靠近球篮的方向移动，给对方以威胁；为自己争得更大的活动范围；尽量摆脱防守队员的防守；帮助同伴从防守中解脱；保证投篮。要让进攻队员在移动前想想自己的行动是否合理，而不盲目乱动，同时要运动员明确个人攻击要点，要把防守者带到对他不利的位置去；要对防守者最弱的地点攻击；要在自己攻击性最强的地点发动进攻。要求运动员不断改变进攻方向，不要一味地打一两种战术配合，要声东击西，内外结合，在左、中、右轮番进攻。在进攻时，积极寻找对方漏洞，攻破其防守意图。当对方变换各种不同形式联防或综合防守时，运用拉开战术，扩大对方防区，采用移动进攻，有针对性地增加对方在局部区域的负担，以多打少；如果对方改用紧逼，则及时稳定阵脚，从容对付，耐心组织，利用掩护、传切、少运球和突分战术，使对方丧失信心。在进攻训练时，除教运动员进攻配合外，还要教他们对付各种防守的办法，同时要允许运动员有创造性地发挥。在防守训练中增强篮球战术意识。在防守训练时，首先要求运动员必须具有坚韧不拔、死缠紧防的意识。使运动员了解训练的目的，明确概念，领会要求。例如，在有球队员防守训练时，无论采用哪种方法和手段，都要紧防，目的还是不让其随心所欲地传球，干扰降低其投篮命中率，并警惕其突破。

第三节　运动员心理能力与训练

一、运动员心理能力概述及其训练

竞技体育比赛中运动员的意外失利频频发生，这不禁引起人们思考，仅仅依靠完美的技、战术能力和良好的身体素质就能取得优异的运动成绩吗？20 世纪 90 年代以来，人们逐渐意识到，运动员的心理能力已经成为运动员取得优异成绩的重要保障。因此，本节论述的心理技能训练常用的几种方法对运动员心理能力的形成和提高有一定的价值和意义。

（一）运动员心理能力概述

运动员心理能力即指运动员与训练竞赛有关的个性心理特征，以及训练竞赛需要把握和调整心理过程的能力，是运动员竞技能力的重要组成部分。

当前，运动训练关于运动员心理能力研究的热点问题是运动员心理技能的训练。2011 年 11 月最新出版的《运动心理学前沿》一书中的第四部分，从意象、注意、目标设置等方面注重论述心理技能的重要性。因此，本小节详细阐述心理技能、心理技能训练的概念，运动员心理训练的内容与特点，以及常用的心理训练方法等几个方面，研究运动员在比赛和训练中怎样具备良好的心理技能，提高心理能力。

（二）心理技能和心理技能训练的概念

心理技能英文为"menial skills"，也有用"psychological skills"的，两者无本质区别。依据心理学对技能的定义，心理技能定义为：通过练习形成的能够影响心理过程和心理状态的心理操作系统。运动员在学习运动技术和比赛中把运动技术最高水平表现的过程，需要具有动员、调节和控制这些技术并能够有效地控制自己的心理过程及心理状态的技术，通过练习熟练地掌握这些技术并能够有效地去运用，就形成心理技能。心理技能训练是旨在使个体掌握心理技能的有计划、有目的的训练过程。从严格意义上讲，心理技能训练与心理训练有一定的区别，心理技能训练是心理训练的主要部分。心理训练则是一个更上位的概念，包含的范围更广，包括所有旨在促进运动操作表现的心理技术的运用（Morris&Bull，1991），是以致力于运动员心理建设并以此促进稳定高水平发挥为目标的（Seiler，1992），心理训练包括模拟训练、属于临床的心理治疗技术的运用过程和对个体施加有意识影响的训练手段等。

运动员心理能力的本质是运动员的大脑对于其运动行为的把握与控制的能力，包括运动员训练及竞赛行为的动员能力、控制能力、意志能力等。

（三）运动员心理能力与体能、技能及战术能力的关系

运动员的心理能力与其体能及技战术能力有着非常密切的关系，它们是相互依存、相互制约、相互促进和相辅相成的。

　　良好的个性品质和必要的心理技能可以有效地促进运动员进行体能训练和提高技战术水平，同时也是运动员在比赛中正常或者超常发挥的前提和保证。众所周知，多血质黏液质的人比抑制质、胆汁质的人更适合参加运动训练，并常常在比赛中表现出较高水平。

　　运动员心理过程的特点同样也对其训练及竞赛行为有着巨大的影响。观察力敏锐的选手，善于在比赛中抓住战机；想象力丰富的选手更富于创造性；而能够高度集中注意力的选手，则在训练和比赛中表现出坚韧不拔的精神。如1984年奥运会美国跳高运动员斯通斯在每一次试跳前，都要运用想象技能在头脑中演练成功的过杆动作，然后根据想象的动作试跳，使他在比赛中每次都能很好地发挥自己的水平。从另一方面来说，体能和技能、战术能力又是心理能力的载体和物质基础，心理训练必须与体能训练和技战术训练相结合才能取得良好的效果。

　　俗话说"艺高人胆大，胆大艺更高"，其中也包含着技能与心理之间相互促进的辩证关系。"艺"代表一个人的技能水平，"胆"是指一个人的胆量或胆识，是一种心理品质。高水平的技能有利于形成良好的心理品质，优良的心理品质又会促进技能的进一步提高。如在第12届亚运会上，中国女子体操选手莫惠兰在全能比赛中平衡木失利，痛失金牌，但她仍然坚信自己平时训练的实力，自信心未受丝毫影响，在单项比赛中大胆发挥，囊括全部四枚金牌（包括平衡木），真是"艺高人胆大"；而李小双在1992年奥运会男子自由体操比赛中，凭着良好的心理素质，敢于将平时训练仅有50%成功把握的后空翻三周用于比赛，并且高质量完成，勇夺金牌，反过来证明"胆大艺更高"。

　　在现在竞技体育高度发展的今天，由于新技术革命的兴起和社会文明在各个领域的飞速发展，通信技术和信息交流的现代化及国际体育竞赛的频繁交流，使运动员在体能、技术和战术训练方面的差距日益缩小，竞争日趋激烈，决定比赛胜负常常取决于临场发挥的心理稳定性。我国著名游泳教练员曾指出："在比赛中发挥水平不理想的运动员中，因心理因素准备不足而造成的失败约占70%，而因训练水平、技术准备不足造成的失败仅占20%。由此可见，运动员心理能力的培养和心理准备是当前游泳训练中不可忽视的环节。"现在运动训练、竞赛的实践和科学研究还表明，运动员在消耗巨大身体能量的同时，也要付出巨大的心理能量，运动竞赛不单纯是运动员体能、技能和战术运用的竞争，同时也是心理能力的较量。

二、运动员心理训练

（一）运动员心理训练的内容与特点

运动员超常的心理素质和高超的心理技能并不是先天就有的，他们也是通过经验，更重要的还是像他们获得体能及技、战术能力一样通过系统训练和个人的艰苦努力而形成的。心理训练与体能训练及技、战术训练一样，自身也有极其丰富的内涵。心理训练是以发展运动员的心理能力，为训练和比赛做好心理准备作为其主要目的和任务的。系统的心理训练可以分为两大部分：其一为基础心理训练，亦称一般心理训练，旨在发展运动员参加训练和比赛所必需的基本心理素质，包括培养良好的个性品质，发展专项心理素质，掌握各种心理技能等；其二为针对性的心理训练，亦称专门心理训练，旨在为某个具体比赛做好心理准备，包括赛前心理动员、赛后进行心理调整，以及针对某些心理障碍进行的心理训练等；各自又包括不同的内容和方法。

根据训练和比赛的关系，还可以将心理训练分为比赛期心理训练及日常心理训练（或称训练期心理训练）两大类。通常，赛期心理训练集中于调整运动员的心理过程，而日常心理训练则相对偏重于发展各种心理技能、改善运动员的个性心理特征。

根据特定比赛的需要，所进行的有针对性的心理训练叫做赛期心理训练，包括赛前的心理准备、赛中的心理控制以及赛后的心理调整。一般来说，赛前运动员的体能、技能及战术能力均相对较为稳定，而其心理活动却非常活跃。心理状态的变化常常会对运动员最终参赛的结果产生巨大的影响。因此在比赛之前，激发运动员强烈的比赛动机，控制其适宜的激活水平，增强运动员的参赛信心，建立稳定而又灵活的参赛思维程序及参赛行为程序，对于成功地参加比赛，都是非常重要而有益的。

比赛过程中，比赛环境及其不断的变化，都会给运动员的情绪以强烈的影响。因此，保持良好的稳定情绪则成为运动员充分发挥其体能、技能及战术能力的关键。稳定情绪既直接影响着比赛的结果，也是对运动员心理能力的一种高强度，甚至极限强度的训练。

竞赛结束后的心理调节，同样是心理训练的重要组成部分。对于比赛的成功者，应充分肯定他们在比赛中积极的情绪体验，同时亦应注意消除由于胜利而掩盖了比赛中消极的情绪体验，以及由于不能正确对待胜利而产生的自满、松懈等不良的情绪体验。对于比赛失败者，则需力求消除因失败而带来的消极情绪体验，并应寻找和发扬其在比赛过程中局部的积极的心理体验，以激发其再战求胜的强烈动机。

日常训练过程中的心理训练偏重于改善运动员的个性心理特征。应根据运动员年龄、训练年限以及所处训练阶段的不同，安排不同比例的一般与专项心理训练。基础训练阶段的少年选手，应以改善一般的个性心理特征为主，随着专项训练任务的加重，改善适应于专项训练和竞技需要的个性心理特征的训练安排比重则需逐渐加大。

（二）常用的心理训练方法

在体育竞赛中，运动员要想取得良好的运动成绩，仅仅依靠良好的身体素质和技战术能力是不行的。从哲学角度看：一切事物都是内外因共同作用的结果，内因是事物变化的根据，外因是事物变化的条件，外因通过内因起作用。对于运动员来说，内因是自身所具备的顽强的毅力、必胜的信念等内在动因。通过调查显示：在每年的国内外体育竞赛中，由于心理技能准备不足导致失败的占70%左右。因此，教练员应重视运动员心理技能的训练，分析每个运动员的个性心理特征，采取行之有效的训练方法促进运动员心理技能的形成。

目前的运动员心理训练可分为一般的心理训练和准备具体比赛的心理训练两类。一般心理训练是平时经常进行的心理训练，指在长期的训练过程中培养和发展运动员提高运动训练水平所必需的各种心理品质和心理能力的训练过程，其主要内容和方法有：

（1）改善心理品质的训练。主要运用注意集中训练和意志品质训练。注意集中训练就是使运动员学会全神贯注于一个确定目标，不受外界干扰的影响，把注意力集中于当前的活动任务上的训练方法。常用的方法有视觉守点法、视觉追踪法、意守法和低声发令法等。

意志品质训练是在训练过程中通过有计划、有目的地使运动员克服各种困难，从而提高意志品质的过程。它在整个训练过程中占有重要的地位，具体表现包括自觉性、主动性、勇敢性、顽强性和果断性等。其主要方法和途径有：

1）努力克服困难。可选用说服教育法、榜样法、自我暗示法等。

2）培养运动员的自我调节能力。

3）树立战胜困难的信心。

4）加强对运动员的严格要求。

5）加强道德、情感教育。

（2）促进技术的心理训练。主要包括念动训练和生物反馈。所谓念动训练就是通过想象、回忆某种运动动作，引起神经肌肉的相应变化，从而达到训练效果。念动训练必须在形成精确的运动表象的基础上进行，具体可安排在练习前，也可安排在练习后或休息期间。例如，在练习之前通过对技术要领方法的想象，在大脑皮层中留下技术"痕迹"，然后在练习中把这些痕迹激活，可使动作完成得更加正确、顺利。又如，在练习之后，对刚刚完成的练习进行技术"回忆"，使正确动作在脑海里更加巩固。假如动作中出现错误，在回忆中伴随着对错误动作的"纠正"，与正确技术进行对比，可以使其得到"克服"，避免下次练习再次出现。以前做篮球运动员的时候，训练前后教练经常会放段我们自己训练或比赛时的录像，让我们仔细观察自己和队友的技战术动作，然后用笔记下其中存在的问题让大家讨论出最佳的解决方案。

生物反馈训练是借助于现代化仪器把机体的生理信息传递给运动员，使其经过反复练习，学会调节自己的生理机能的方法。该方法既可调整运动员的情绪状态，消除紧张，改善机体各器官的机能，也可提高运动员的感知能力，加速运动技能的形成。当然，这方法需要有较好的经济条件支持。

（3）完善战术的心理训练。这主要是操作思维的训练，比赛中运动员完成战术任务的战术思维是与操作行为相联系的，操作思维即动作思维，其能力强，就有可能及时、正确地完成连续出现的战术任务。其训练方法可采用模拟训练法进行。

（4）比赛中的心理训练，主要是要控制运动员在比赛中的情绪。要知道，养兵千日，用兵一时，不管你平时训练的如何，真正的成绩还是取决于你在比赛中的结果，所以比赛中的实际发挥才是真正考验一个运动员的优秀品质与否的重要标准。比赛中，运动员最容易犯的错误就是心里紧张，当他们出现心里紧张的时候，可采取以下几种方法：

1）表象放松法。这种方法是使运动员想象他通常感到放松与舒适的环境，让运动员在脑子里将自身置于这个环境之中，使身体得到放松，使用这种方法的关键在于使表象中的环境清晰，在大脑中能生动地看到想象环境，增加情景对运动员的刺激强度。

2）暗示放松法。开始由教练员指导运动员依次放松身体的各个肌肉群，同时增强呼吸，经过几次指导之后，让运动员自己独立完成。在进行放松时，还可使用暗示语或录音带。

3）阻断思维法。当运动员由于信念的丧失出现消极思维，引起心理紧张时，运动员利用大吼一声，或者向自己大喊一声"停止"，去阻断消极驱动力的意识流，以积极思维取而代之。教练员还可以确定一个响亮的信号供运动员作为阻断消极思维之用，如著名的 NBA 传奇教练菲尔·杰克逊，在球队处于被动局面或者球员表现欠佳的时候总是会用两根食指放在嘴唇边吹起他的招牌哨声以提醒场上队员。

4）音乐调节法。选听不同的音乐能使人兴奋，也可使人镇定。音乐给予人的"声波信息"可以消除大脑所产生的紧张，也可以帮助人内在地集中注意力，促使大脑的冥想井然有序。在大赛之前，让心理紧张的运动员听听音乐，可以调节情绪。

运动员的心理训练是有意识地对运动员的心理活动施加影响的教育过程。在具体实施过程中应从调动运动员、教练员的自觉性和积极性入手，循序渐进并与本专项其他训练密切结合，从训练的具体实际出发，方能取得预期的效果。

参考文献

［1］杨经伦，陈兰. 美国青少年运动训练的特点及启示［J］. 珠江论丛. 2016，(4)：205-213.

［2］卜祥凯. 青少年运动训练的科学性［J］. 经济技术协作信息. 2018，(32)：23.

［3］魏凯. 浅析青少年运动训练后的疲劳与恢复［J］. 新教育时代（教师版）. 2018，(7).

［4］黄玺章. 浅谈青少年运动训练疲劳以及恢复［J］. 当代体育科技. 2017，7 (11)：56-57.

［5］袁瑞，黄迎乒，王溪源. 青少年运动训练过程中的疲劳与恢复［J］. 拳击与格斗. 2017，(18).

［6］张冬菊. 浅谈青少年运动训练疲劳以及恢复［J］. 当代体育科技. 2016，6 (17)：10-11.

［7］班金荣，郭进香，韩国英，谭美峰. 青少年运动训练踝关节损伤的预防［J］. 医药前沿. 2016，6 (19).

［8］王瀚. "互联网+"背景下的青少年运动训练初探［J］. 湖北体育科技. 2016，35 (7)：605-606，568.

［9］张泓. 浅析体育游戏在青少年运动训练中的作用［J］. 体育科技. 2015，36 (5)：42-43.

［10］姜少东，郭伟. 青少年运动训练的科学性［J］. 体育时空. 2013，(21).

［11］于君. 符合青少年身体规律的体育训练理论与实践——评《青少年运动训练原理与方法》［J］. 中国教育学刊. 2016，(8)：143.

［12］张程. 青少年运动训练过程中的动力定型辨析［J］. 产业与科技论坛. 2013，(3)：189，56.